Desarrollo de Software

Requisitos, Estimaciones y Análisis

Tercera Edición

DANIEL RAMOS CARDOZZO

IT Campus Academy

ISBN-13: 978-1720896555

TABLA DE CONTENIDO

1

INTRODUCCIÓN A LA INGENIERÍA DE SOFTWARE

En este capítulo se presentan las definiciones de los términos utilizados en este estudio con el fin de nivelar el conocimiento de los mismos. Si bien estos conceptos se pueden considerar de sentido común, lo cierto es que hay diferentes puntos de vista y en conflicto.

Las aplicaciones de software son "programas aislados que resuelven una necesidad comercial específica" (Pressman, 2006, p. 4). Algunos ejemplos son el software que procesa datos comerciales o técnicos que facilitan las operaciones y la gestión de un negocio. Además del código fuente, el software incluye toda la documentación y los datos necesarios para que el programa funcione correctamente (Sommerville, 2003, p. 5).

LA INGENIERÍA DE SOFTWARE

La Ingeniería de Software es la disciplina que se ocupa de todos los aspectos del desarrollo de software, incluyendo las actividades de ingeniería de requisitos, modelos de procesos y modelos y técnicas de estimación (Sommerville, 2003, p. 6-7).

Una aplicación de software se desarrolla a través de un proceso. No es algo que se fabrica a partir de materia prima, ni se ensambla a partir de piezas más pequeñas. Según Presuman (2006, p. 4), el software presenta esta característica especial en comparación con otros tipos de productos, es decir: no se fabrica en el sentido clásico, sino que se desarrolla a través de un proceso de ingeniería.

La Ingeniería del Software ofrece enfoques sólidos para aumentar las posibilidades de que los objetivos de negocio se cumplan en términos de tiempo, calidad y funcionalidad. Según Campos (2009, p. 2), las organizaciones de hoy en día se enfrentan al reto de llevar a cabo sus actividades de forma productiva, con calidad y el cumplimiento de la planificación estratégica. Por lo tanto, el uso de un enfoque adecuado en el desarrollo de software para la obtención de requisitos, la estimación, el desarrollo y el control es esencial para las organizaciones.

La Ingeniería de Software va más allá del proceso de programar. La ingeniería de software se encarga también del análisis previo al desarrollo, el diseño del proyecto en sí, el desarrollo del software así como de todas las pruebas necesarias para que funcione correctamente y sea implementado correctamente en el sistema.

EL PROYECTO DE SOFTWARE

Un proyecto es un esfuerzo temporal, destinado a crear un producto o prestar un servicio. Un proyecto de software es el desarrollo de software, incluyendo artefactos relacionados.

Independientemente del modelo de proceso adoptado, el proyecto de construcción de un software involucra diversas áreas del conocimiento utilizadas en mayor o menor grado durante las fases del proyecto, en las áreas de actividades de gestión y desarrollo.

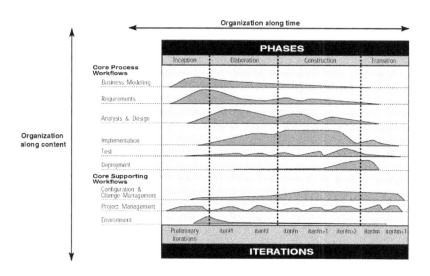

Figura 1 - Vista general de un modelo iterativo (Racional, 2001)

El Proceso Unificado (Racional, 2001), por ejemplo, clasifica las actividades de Ingeniería de Software en nueve disciplinas, entre las cuales cinco están directamente relacionados con el producto de software y tres con el control y la gestión, es decir, para apoyar las actividades de desarrollo (Figura 1). Durante el proyecto, los sujetos demostraron un mayor o menor grado de actividad y se observa que la gestión de proyectos es la única disciplina que se utiliza con cierta regularidad en el tiempo.

Las estimaciones de software son la base para la planificación de proyectos al permitir una visión general de los esfuerzos necesarios para el desarrollo y diseño de las variables que influyen positiva o negativamente, como la productividad del personal y la complejidad del dominio.

LA ARQUITECTURA DE SOFTWARE

Antes del desarrollo de un software es necesario definir su arquitectura. El diseño de la arquitectura se lleva a cabo por la descomposición del software en componentes. La arquitectura describe la función de los componentes que conforman el software y la relación de ellos (Sommerville, 2003, p. 182). La arquitectura de software es el diseño de más alto nivel de la estructura de un sistema.

La arquitectura de software proporciona una framework estructural básico para el desarrollo del software. Los diversos componentes del sistema agrupan elementos similares, tales como objetos con comportamiento similar, y facilitan la estructuración del software. Por lo tanto, se puede determinar fácilmente qué partes del sistema están afectadas por la aplicación o la modificación de una característica o funcionalidad, porque los tipos de componentes y objetos se definen por adelantado.

La descomposición de arquitectura proporciona un punto de partida para técnicas de estimación basadas en objetos o en elementos del software. La estimación es posible al contar los elementos de un componente y estimar cada componente de esa forma. La estimación resultante tiende a tener más calidad por el conocimiento del tipo de elemento del componente con respecto a las estimaciones generadas sin una arquitectura definida.

Por otra parte, la arquitectura tiene un impacto directo en la complejidad del software (Pressman, 2006, p. 223). Cuantas más dependencias compartidas de recursos, tales como bases de datos o archivos, y dependencias entre los componentes que conforman el software, mayor es su complejidad. Un gran número de interdependencias hace que cualquier cambio cause mayores impactos sobre otros componentes.

A través de la arquitectura, es posible analizar el impacto de los cambios en el software. Esto se hace teniendo en cuenta las dependencias entre componentes. Por otra parte, en el desarrollo de una nueva característica, es más fácil identificar de antemano los elementos de los componentes que se necesitan desarrollar, modificar o reutilizar.

El análisis del impacto de los cambios es importante para el ajuste de las estimaciones de los componentes afectados cuando se desea obtener un estado actualizado del proyecto.

Toda arquitectura de software debe describir varios aspectos del software, que normalmente se detallan usando diferentes modelos o vistas. Existen normalmente tres vistas o modelos fundamentales en cualquier arquitectura: la visión estática (que componentes), la funcional (que hace cada componente) y la dinámica (que hacen y cómo se comportan los componentes).

Lo normal es usar alguna arquitectura existente a la hora de abordar un nuevo proyecto. Las arquitecturas más usadas son la descomposición modular, Cliente-Servidor y la arquitectura de tres niveles.

La Estimación de Software

La actividad de estimación consiste en tratar de anticipar el tamaño o el esfuerzo de desarrollo de un producto abstracto. Hay una serie de problemas que hacen que el software sea difícil de estimar y, por consiguiente, difícil la planificación del proyecto.

Por una parte, esto es debido a las características intrínsecas al software. Brooks (1987) afirma que, por definición, el software es complejo e irreducible, es decir, no se puede simplificar sin pérdida de información. Tiene cuatro características clave que contribuyen a esto, haciendo que el software sea difícil de construir. Estas son:

Complejidad: Las entidades de software son extremadamente complejas por su tamaño y no existen dos partes iguales en el nivel de algoritmo. Esa es la naturaleza del software, que no ocurre por casualidad. La escalabilidad del software, por ejemplo, no consiste simplemente en hacer sus partes mayores o menores, a diferencia de las construcciones físicas hechas por el hombre.

Cumplimiento: Si bien hay zonas donde las personas se ocupan de alta complejidad, el software tiene algunas complicaciones adicionales. Por ejemplo, un físico que trata la complejidad del átomo, cuenta con algo "bien definido" por la naturaleza, es decir, los átomos tienen una conformidad. El software cuenta con varias interfaces diferentes definidas por diferentes personas y por lo general hay poco o nada de cumplimiento en estos entornos.

La mutabilidad: El software siempre parece ser presionado para cambiar. Los productos manufacturados, tales como puentes, automóviles y maquinaria son sustituidos por otros modelos, no siendo modificados con la misma facilidad que un software. Se trata de productos tangibles, con alcance bien definido y el coste de la modificación es disuasivo. Un software, por ser abstracto y con bajos costes directos, a menudo sin consecuencias inmediatas aparentes, se somete a un cambio constante. Por otra parte, la mayoría de los cambios están destinados a hacer que el software vaya más allá de sus límites iniciales.

La invisibilidad y la intangibilidad*: Si bien existen interfaces y lenguajes amigables, el software no se puede ver a través de imágenes. En general, el desarrollador y el usuario no pueden ver el software como un todo. Esto se debe a que los usuarios a menudo no entienden las cuestiones de tecnología y los desarrolladores no entienden todas las reglas del negocio, además un software puede ser desarrollado por diferentes individuos que se especializan en diferentes áreas. Por lo tanto, como un cliente y un desarrollador no puede tener en cuenta el software completo, las posibilidades de errores aumentan.*

La estimación se realiza basándose en una abstracción en forma de requisitos. Por definición, no puede ser exacta o considerar las características mencionadas anteriormente, debido a que la estimación se basa en realidad en una idea preconcebida del software.

Incluso las medidas del producto final de software son subjetivas. No hay mediciones objetivas de tamaño, calidad, eficiencia, robustez, facilidad de uso y muchos otros aspectos. Incluso el número de líneas de código o caracteres del código fuente no tienen una relación directa con la funcionalidad y las características del software, aunque se han realizado muchos esfuerzos para lograr una aproximación razonable. Esto implica que cualquier comparación entre los procesos de desarrollo de software, técnicas de requisitos de estimación y de ingeniería solo pueden ser implementadas por criterios específicos y objetivos. Así que no es posible afirmar categóricamente que una técnica, método o modelo es superior a cualquier otro.

Por otro lado, el factor humano añade aún más dificultades en el desarrollo y la estimación de un software. Mientras que los desarrolladores y arquitectos piensan en el nivel técnico y funcional, los administradores observan el horario y los costes. No es fácil conciliar ambas perspectivas, siendo un reto alinear los objetivos estratégicos de una organización con los aspectos técnicos y el resumen de un producto de software.

Desde el punto de vista de quien está gestionando el proyecto, el tiempo y el horario son fundamentales para que se tomen decisiones y estrategias de negocios sean establecidas, por lo tanto se necesitan buenas estimaciones. Esto puede ser un problema desde el punto de vista del equipo de desarrollo, por ejemplo, cuando plazos arbitrarios se fijan en el tiempo y los recursos disponibles son técnicamente insuficientes.

Por lo tanto, tanto la naturaleza del software como los factores humanos deben ser considerados en la estimación. Del mismo modo, cuando hay cambios en el contexto del diseño de software, tales como cambios en los requisitos, en el campo o en el equipo, las estimaciones se ven afectadas y deben ser ajustadas.

De esta forma a la hora de realizar la estimación deben tenerse en cuenta varios aspectos como el número de personas necesarias para el proyecto y la formación y habilidad de estas para encarar el mismo. No se puede esperar que un profesional no experimentado rinda igual que alguien de notable experiencia.

Asimismo debe teneres en cuenta el tamaño y complejidad del proyecto, la disponibilidad de información y la estabilidad de los requisitos, así como las funciones que serán necesarias.

A la hora de hacer la estimación debe tenerse en cuenta la inversión con la que se cuenta y el plazo de tiempo. Usar o conocer los datos de proyectos similares.

Una buena idea es retrasar la estimación de coste lo máximo posible, para reunir la mayor cantidad de información posible. Cuanto mejor se sepa que es lo que se pretende mayor precisión se podrá dar.

Análisis Orientado a Objetos

Los estudiantes y los profesionales de la ingeniería de software a menudo tienen preguntas sobre cómo modelar un sistema de forma efectiva.

Actualmente, el enfoque recomendado es el orientado a objetos, preferentemente utilizando UML, ya que estas técnicas son ampliamente reconocidas y propagadas.

El problema es que mucha confusión se produce debido a la falta de conocimiento acerca de los objetivos del modelado de sistemas, las fases de un proyecto de desarrollo de software y los diferentes niveles posibles de modelado. Por ejemplo: ¿Qué clases deben incluirse en un diagrama de clases? ¿Debemos poner las clases del framework? ¿Cómo identificar las clases necesarias en un sistema?

El punto de partida es no mezclar el análisis del problema con el diseño (proyecto) de la solución o la implementación tecnológica.

En resumen, vamos a analizar en los próximos puntos cómo aplicar el modelado orientado a objetos en distintas etapas de un proyecto, teniendo en cuenta la consecución de objetivos concretos con el modelado, más allá de las diferentes aplicaciones de los modelos utilizados.

EL ANÁLISIS DE SOFTWARE

El analista es el profesional responsable de la identificación de un problema a resolver o necesidad a ser atendida y obtener los requisitos para crear una solución.

El conjunto de requisitos define lo que el sistema debe hacer para satisfacer las necesidades identificadas.

Sobre la base de los requisitos, el analista sigue el proceso de análisis identificando en alto nivel que funcionalidades el sistema deberá poseer para cumplir los requisitos.

Una solución común para mapear cada funcionalidad es a través de **casos de uso** (que no debe confundirse con el diagrama UML). Un caso de uso es una especie de paso a paso de la interacción entre el usuario y el sistema, aunque este concepto puede variar ligeramente. Además, por lo general describe las condiciones previas necesarias para la correcta ejecución y post-condiciones, que son los resultados de las medidas adoptadas.

Tenga en cuenta que todavía estamos en alto nivel y nada aquí tiene que ver con la solución tecnológica.

Continuando, el analista en Orientación a Objetos y UML modelará el conocimiento sobre el dominio y el problema utilizando los diagramas apropiados, que son por lo general: Diagrama de casos de uso, Diagrama de actividades, Diagrama de clases y Diagrama de estados.

El **diagrama de casos de uso** es una representación visual simple de las interacciones del sistema con el mundo exterior. Los actores que interactúan con el sistema son representaciones de usuarios, otros sistemas o cualquier otra entidad fuera del sistema que se comunica con él. Este diagrama no excluye la necesidad de trazar en detalle los casos de uso como se mencionó anteriormente.

El **diagrama de las actividades** representa los pasos del caso de uso en una especie de diagrama de flujo, incluyendo las bifurcaciones de escenarios alternativos, escenarios de error, etc. No todos los escenarios deben estar representados en el mismo diagrama.

El **diagrama de clases**, en esta etapa de un proyecto, debe incluir solo las clases de dominio, sin ninguna referencia a la tecnología que se utilizará en la implementación. Podríamos llamar a este diagrama de Diagrama de clases de dominio. La función del diagrama es representar las entidades necesarias y la relación entre ellas. En resumen, se trata de una forma moderna y orientada a objetos del Diagrama Entidad-Relación (DER), aunque ambos pueden ser utilizados simultáneamente. Sin embargo, el DER se asocia generalmente con un modelado estructurado.

El **diagrama de estados** se utiliza para las entidades del sistema que siguen unos flujos de estado. Por ejemplo, una parte puede ser "abierto", "resuelto", "tarde", "en detrimento". Este diagrama representa los estados y cómo se producen las transiciones entre ellos.

Con todo esto, el analista puede validar la solución mediante la comprobación de si las clases y los casos de uso cumplen con los requisitos iniciales.

Por ejemplo, si hay un requisito de que "el administrador puede extraer un informe con el total de productos vendidos en el mes", el analista debe examinar si la clase de producto tiene una relación "navegable" con Venta y el ItemVenta y si es posible extraer la información de los totales de ventas de forma lógica. También puede agregar los métodos y atributos importantes a las clases con el fin de cumplir con los requisitos.

EL DISEÑO DEL PROYECTO

En base a toda esta información, los arquitectos y desarrolladores entran en acción para proponer una solución tecnológica al problema. Eso no necesariamente ocurre en secuencia, puede ocurrir en paralelo.

Los diseñadores técnicos pueden crear varios diagramas para representar lo que se pondrá en práctica. El diseño se puede hacer de una manera agnóstica, es decir, sin tener en cuenta que tecnologías, frameworks y bibliotecas serán utilizadas. Sin embargo, puede ser más productivo modelar la división de componentes y clases ya pensando un poco en la implementación a fin de no generar otro vacío de información.

Los diagramas más importantes y comúnmente utilizados son:

Diagrama de Componentes: *Representa la división en alto nivel de los principales componentes del sistema. La división no representa la estructura de carpetas de los archivos de proyecto, sino es una división lógica de las responsabilidades.*

Diagrama de Despliegue: *Una representación del entorno donde se ejecutará el sistema, incluidos los servidores, bases de datos, replicación, proxies, etc.*

Diagrama de secuencia: Para una acción determinada en el sistema, este diagrama representa la interacción entre diversos objetos a través de las llamadas ejecutadas y de retorno, lo que permite ver la secuencia de llamadas a través del tiempo.

Tenga en cuenta que cada uno de los diagramas mencionados pueden ser producidos por muchos casos diferentes. Cuando hablamos del Diagrama de clases o Diagrama de componentes, no hay necesariamente un único diagrama que representa el sistema en su conjunto. La representación se puede realizar en diferentes niveles, por ejemplo, uno que muestra los componentes generales del sistema y otros diagramas que muestran la estructura interna de cada componente individualmente. La representación también se puede hacer en diferentes contextos, por ejemplo, varios diagramas que representan solo lo necesario para una funcionalidad importante, ignorando clases y paquetes que no son pertinentes en ese contexto.

LA IMPLEMENTACIÓN DEL PROYECTO

La aplicación debe seguir lo que se ha definido en el diseño, sin embargo, no significa que cada método, clase, paquete y componente se debe asignar uno a uno en el proyecto "físico", en sus archivos y estructura de directorios.

El programador debe tener la libertad para encontrar la mejor solución para satisfacer lo que se solicitó con la estructura que el desee. Sería malo desde el punto de vista de las buenas prácticas, imponer cada detalle de lo que debe ser implementado. Si eso fuera posible, no necesitaríamos a los programadores, tan solo un generador de código.

EL MODELADO DEL SOFTWARE

Al estudiar detenidamente las "fases" (entre comillas porque no son una secuencia lineal) de un proyecto de desarrollo de software, se puede ver que hay un gran salto (gap) entre cada una de ellas.

Una analogía comúnmente usada en los libros sobre Ingeniería de Software es construir un puente entre las necesidades de los clientes y las soluciones tecnológicas.

Incluso hoy en día, la Ingeniería del Software es una disciplina un tanto inmadura. No tiene una forma estandarizada de construcción tales como la ingeniería civil o eléctrica que la apoyen. La validez de un Modelo de Análisis, un Modelo de Diseño o de la solución implementada depende casi exclusivamente de los factores humanos, tales como las habilidades de comunicación y comprensión de los analistas, más allá de la capacidad técnica de los desarrolladores.

No hay reglas claras sobre cómo y en qué nivel modelar, ya que no hay reglas sobre cómo traducir una necesidad en un requisito, un requisito en un modelo y un modelo de implementación.

El UML fue un gran avance, pero los diversos diagramas siempre varían en nivel de detalle, la cobertura y muchos otros factores de proyecto en proyecto, de equipo en equipo y de un individuo a otro.

Introducción al Modelado de Software

Incluso con las afirmaciones anteriores no queremos ser pesimistas. Aunque no hay una respuesta definitiva a la modelización de sistemas hay algunos principios que pueden guiarnos. Veamos cuales son:

Ponga la comunicación en primer lugar. El propósito de un diagrama es comunicar información y no simplemente ser un espejo del código. Si un esquema no comunica algo útil, no se moleste con él. Considere su equipo y su proyecto y haga diagramas que sean relevantes con los detalles pertinentes para que las personas sepan lo que están haciendo con detalle. Su equipo puede reunirse en una mesa y discutir un diagrama o boceto y usarlo como base para la discusión.

No hacer diagramas de tecnologías específicas. Si alguien quiere saber cómo Servlets, Rails o Django funciona es mejor comprar un libro. Usted lo único que va a hacer es confundir a la gente si hace esto.

Verifique que el diagrama cumple con los requisitos. Su diagrama debe ser útil no solo para entender lo que debe hacerse, sino también para validar que la solución cumple con las necesidades especificadas por el cliente. Hacer pruebas mentales lógicas en busca de clases, métodos y relaciones, comprobando si tienen motivo para estar ahí, si para algunos escenarios puede extraer los datos requeridos, etc.

Como ya hemos mencionado, el Análisis, el Diseño y la Implementación son susceptibles de ser realizados muchas veces durante el ciclo de desarrollo. No hay que esperar a tener todo desde el principio. Invertir demasiado tiempo en detallar es malo, como varios autores ya han advertido.

IDENTIFICACIÓN DE LAS CLASES

Hay un método para identificar clases de dominio en potencia que es el análisis de un texto en busca de los sustantivos. Esta técnica puede ser útil cuando no tiene idea de lo que está haciendo y quiere algunas ideas iniciales. Sin embargo, es mala porque en muchos lugares se enseña como una forma "tosca" de extraer información.

De vez en cuando puede escuchar a alguien con la vieja idea de crear un intérprete mágico, un tipo de inteligencia artificial, capaz de generar un sistema basado en un texto que describe las necesidades del usuario. Devaneos a un lado, lo mejor es centrarse en lo que es real a día de hoy.

De hecho, es común el uso de la palabra "extraer" o "coger" de forma incorrecta. Cuando creamos un sistema, no extraemos o cogemos los requisitos y las clases necesarias como si ellas existieran allí, ocultas en alguna manera.

En cuanto a los requisitos, el término "deducir" es más apropiado, con el sentido de descubrir y describir. En cuanto a las clases, simplemente decidimos cuál de ellas el sistema debe contener para poder satisfacer las necesidades establecidas. Si nos encontramos con que no cumplen con los requisitos, vamos a modificarlas para que los cumplan.

Todo esto es un proceso creativo y no un proceso de extracción como se hace con la materia prima. Por "creativo" no piense en arte posmoderno, sino en un proceso creativo metódico e incluso científico.

Nuestra recomendación es identificar, a través de los requisitos, los datos que se necesitan para hacer funcionar el sistema, así como la relación entre los mismos. Ya lo dicen los administradores de bases de datos: los datos son el corazón del sistema. Así obtenemos las clases que representan las entidades necesarias.

Luego, basándose en las funcionalidades que el sistema debe tener, puede definir clases que son responsables de la manipulación de estas características.

La Ingeniería de Software todavía tiene muchos retos por delante para realmente ser una ingeniería en el pleno sentido de la palabra.

Hoy en día muchos se consideran más artesanos tecnológicos que ingenieros propiamente dicho. Esto es bueno en un sentido pero también abre muchas lagunas para las "artes abstractas".

INTRODUCCIÓN A LA INGENIERÍA DE REQUISITOS

Este capítulo presenta las nociones sobre ingeniería de requisitos. Los requisitos son la base para la actividad de la estimación de software, ya que proporcionan la necesaria abstracción del problema para que los ingenieros de software puedan realizar un análisis adecuado del problema.

En el contexto de una organización, un requisito suele tener su origen en una necesidad de la empresa. La idea de desarrollar un software surge cuando hay un conjunto específico de necesidades que deben satisfacerse, lo que debería traducirse en requisitos.

Este proceso incluye una serie de dificultades y desafíos. Los problemas de la comunicación, la comprensión y la complejidad son algunos de los factores que contribuyen a ellos.

Los temas siguientes presentan diferentes enfoques y conceptos acerca de los requisitos que impactan directamente en la estimación de software.

Definición de Requisito

Sommerville (2003, p. 82) identifica dos puntos de vista diferentes sobre el término requisito. Este puede ser "una visión abstracta, de alto nivel, de una función que el sistema debe suministrar o de una restricción del sistema" o, por otro lado, "una definición detallada, matemáticamente formal, de una función del sistema".

El autor también pone de relieve los diferentes niveles de detalle de los requisitos:

Requisitos del usuario: *Sentencias en lenguaje natural acerca de las funciones que el sistema debe proporcionar.*

Requisitos del sistema: *Detalle de las funciones y restricciones del sistema, pudiendo ser utilizados en el contrato de desarrollo de software.*

Especificación de proyecto de software: *Descripción abstracta del proyecto de software, añadiendo más detalles acerca de la solución a los requisitos del sistema.*

Los requisitos son la base para el desarrollo de una solución al problema. Con una comprensión de los requisitos en un determinado momento del proyecto se construye el respectivo modelo de análisis. La estimación de software se puede hacer con este modelo, que contiene los elementos de la solución a desarrollar.

El nivel de detalle y la manera formal o abstracta de la especificación de los requisitos es una decisión que debe tomarse de acuerdo con el proyecto. Pero tarde o temprano, una especificación matemática formal de los requisitos tendrá que ser creada como parte del programa de ordenador, ya sea a través de documentación o directamente en el código fuente. La comprensión del problema y la experiencia del equipo en el tipo de problema son criterios que pueden definir este tema. La necesidad de estimar un mayor o menor grado de detalle también influye en la decisión.

LOS TIPOS DE REQUISITOS

Los requisitos se pueden clasificar en funcionales y no funcionales (Sommerville, 2003, p. 83).

Los **requisitos funcionales** son aquellos directamente relacionados con las funciones o las reacciones que el sistema debe proporcionar.

Los **requisitos no funcionales** son restricciones impuestas al funcionamiento del sistema, tales como las limitaciones de tiempo, presupuesto, proceso de desarrollo, las políticas de la organización, normas que deben adoptarse, entre otros.

También hay requisitos en el dominio de la aplicación, pudiendo ser estos funcionales o no funcionales.

La distinción entre los tipos de requisitos es importante para ayudar a manejar las prioridades. Si no hay tiempo ni recursos para desarrollar todos los requisitos lo suficiente, por lo general se da prioridad a los requerimientos funcionales.

Los requisitos funcionales son los principales componentes de las estimaciones. Generalmente, se asignan directamente a elementos o características del sistema de software. Como resultado, la calidad de los requisitos funcionales tiene un gran efecto sobre la calidad de las estimaciones.

Los requisitos no funcionales afectan a las estimaciones en diferentes grados, dependiendo de la naturaleza de cada uno. Las técnicas y los modelos de estimación tienen factores de ajuste y técnicas de calibración que incluyen restricciones técnicas, complejidad del problema, herramientas de desarrollo, etc. Por lo tanto, estos tipos de requisitos también afectan a la calidad de las estimaciones.

Los requisitos de software no se pueden definir de forma estática durante el proyecto. La definición de un requisito es en un instante, pero sufre cambios con el tiempo. Pressman (2006, p. 39) afirma que "hoy en día, el trabajo de software es rápido y se somete a una corriente sin fin de cambios (características, funciones y contenido de la información)."

McConnell (1996) indica que, de media, los requisitos cambian un 25% desde la etapa en la que deben definirse hasta la primera versión del software. Este cálculo demuestra la naturaleza cambiante de los requisitos y es una de las razones por las cuales el software y las estimaciones tampoco son estáticos.

LA INGENIERÍA DE REQUISITOS

La ingeniería de requisitos es una actividad en la ingeniería de software que busca comprender el sistema que se construirá (Pressman, 2006, p. 117). Esta no es una ciencia exacta pero ofrece un enfoque sólido para hacer frente a los retos de la comunicación y la complejidad que se encuentran al comienzo del proyecto de software.

Además, los requisitos deben ser identificados y gestionados en todo el proyecto con el fin de reflejar las necesidades reales de los clientes. La comprensión del sistema debe aumentar con el paso del tiempo y los requisitos deben reflejar esta profundización.

Pressman (2006, p. 117) afirma que es importante identificar correctamente las necesidades durante las fases de análisis y modelado. Contradice a los autores que defienden la práctica de comenzar el desarrollo de software abruptamente. Según estos autores, no vale la pena gastar tiempo con los requisitos iniciales debido a los cambios inevitables, de modo que las iteraciones iniciales harían las necesidades del cliente más claras. Pressman dice que la complejidad que surge durante el proyecto pronto derriba estos argumentos.

Pressman (2006, p. 118) define las siguientes etapas de la actividad de ingeniería de requisitos:

Diseño: Fase inicial donde los ingenieros hacen una serie de preguntas libres de contexto para establecer una comprensión básica del problema y algunos de los factores que influyen en el proyecto.

Encuesta: Se hacen preguntas específicas acerca de los objetivos del sistema, la meta a alcanzar, ya que el software se puede utilizar en el día a día y así sucesivamente. En esta etapa, pueden surgir problemas tales como:

Alcance: Los límites del sistema no se han establecido o el cliente entra en detalles técnicos innecesarios que complican la comprensión de las necesidades en lugar de esclarecerlas.

Entendimiento: El cliente y los usuarios no están seguros de lo que se necesita, tienen poco conocimiento del entorno informático, no tienen ninguna comprensión del dominio del problema, omiten información, muestran necesidades en conflicto y así sucesivamente.

La volatilidad (o mutabilidad): Los requisitos cambian con el tiempo.

Elaboración: Se trata de eliminar los problemas de las fases anteriores, se trata de establecer un modelo refinado de análisis de requisitos, que consiste en una plantilla y contiene escenarios de uso y una descripción de cómo el usuario va a interactuar con el sistema.

Negociación: Los requisitos propuestos por el cliente o por los usuarios que están en conflicto, características de alto riesgo innecesarias o inalcanzables por las características del proyecto, dominio o por otro motivo deben ser discutidos y negociados con el cliente desde el inicio del proyecto, en cada iteración.

Validación: Un análisis de los requisitos de calidad se lleva a cabo para garantizar que no haya más ambigüedades, inconsistencias, omisiones y errores a través de una revisión técnica por ingenieros, clientes, usuarios y otras partes interesadas.

La estimación se relaciona directamente en como los requisitos de las actividades de ingeniería se llevan a cabo.

Cuanto más pronto son generadas las estimaciones, se obtienen menos detalles y el margen de error es mayor. Cuanto mayor es la experiencia y las habilidades de los involucrados en el proceso de obtención de requisitos, mayores son las posibilidades de que las estimaciones sean fiables.

GESTIONAR LOS REQUISITOS DE SOFTWARE

Los requisitos cambian y deben ser supervisados, controlados y administrados. La ingeniería de requisitos se lleva a cabo a lo largo de todo el proyecto. Al principio, esta se lleva a cabo con mayor intensidad para que todos los requisitos sean licitados, pero probablemente disminuya en intensidad con el tiempo en la medida en que los requisitos son más conocidos, desarrollados y satisfacen las expectativas de los usuarios.

Sin embargo, cada cambio de requisito puede afectar a varios elementos del proyecto, tales como otros requisitos, funcionalidades y las interfaces del sistema. Con el fin de gestionar la cadena de cambios se utilizan técnicas de trazabilidad, es decir, la identificación de las relaciones del requisito con los demás elementos del proyecto.

Pressman (2006, p. 121) enumera algunos tipos de trazabilidad que se pueden utilizar cuando existe la preocupación de identificar el impacto del cambio en determinado requisito:

Tabla de seguimiento de características: Muestra la relación del requisito con las características importantes del sistema.

Tabla de seguimiento de fuentes: Identifica la fuente de cada requisito.

Tabla de seguimiento de dependencia: *Relaciona los requisitos unos con otros.*

Tabla de seguimiento de interfaces: *Muestra la relación del requisito con las interfaces internas y externas del sistema.*

Después de llevar a cabo un cambio en un requisito y la actualización adecuada de los elementos afectados, las estimaciones de todos estos elementos también se ven afectadas y deben actualizarse. Esto permite analizar el impacto y la viabilidad de los cambios en el proyecto.

EL PROCESO DE LA INGENIERÍA DE REQUISITOS

Durante el inicio del proceso de ingeniería de requisitos en la fase de diseño, Pressman (2006, p. 122) indica algunos pasos necesarios para poner el proyecto en marcha:

Identificación de los interesados: *Una de las partes interesadas es "quien se beneficia de forma directa o indirecta el sistema en desarrollo" (Pressman, 206, p. 122), tales como administradores de la empresa, gerentes de producto, ingenieros de software o ingenieros de soporte. Estas personas suministrarán entradas a las necesidades de los usuarios.*

Reconocimiento de diversos puntos de vista: *Los requisitos de usuario iniciales se exploran a través de preguntas y comparaciones de los diferentes puntos de vista de las partes interesadas y necesitan ser compuestos para formar un conjunto coherente de requisitos.*

Trabajo en busca de colaboración: *Es necesario buscar la colaboración de todos los actores del sistema, evitando conflictos entre las partes.*

Formulación de las preguntas iniciales: *Definir las preguntas libres de contexto para el cliente y los demás interesados en el proyecto.*

Después de eso, durante el estudio de los requisitos formales, Pressman (2006, p. 124) ofrece los siguientes enfoques:

Reunión de colaboración de requisitos: Los interesados en el proyecto se reúnen y discuten la necesidad y la justificación del nuevo producto, cada uno expone una lista de objetivos que consideran importantes para el sistema, los cuales se analizan y se combinan para formar una lista general que luego se utiliza para obtener los requisitos del sistema.

Implantación de la función de calidad: El Quality Function Deployment (QFD) es una técnica que pretende traducir las necesidades del cliente en los requisitos que hacen hincapié en lo que tiene más valor para el cliente. Esta técnica abarca todo el proceso de ingeniería de software, pero es muy bien aplicada en la ingeniería de requisitos. Un punto importante es su clasificación de los requisitos en:

Requisitos formales: Reflejan las metas y objetivos para el producto que aseguran la satisfacción del cliente.

Requisitos previstos: Requisitos implícitos en el producto, que el cliente puede no hacer que sean obvios, pero su falta genera insatisfacción.

Requisitos emocionales: Los requisitos que van más allá de las expectativas del cliente.

Situaciones posibles: Consiste en la creación de un conjunto de escenarios de uso que describen cómo se utilizará el software.

La estimación de software depende del resultado de las actividades de ingeniería de requisitos. Algunos productos de trabajo comúnmente generados y que se pueden utilizar en la estimación son:

lista de clientes, usuarios y otras partes interesadas;

descripción del entorno técnico del sistema;

lista de requisitos y restricciones;

conjunto de escenarios de uso;

prototipo desarrollado para definir mejor los requisitos.

MODELO DE ANÁLISIS

Según Pressman (2006, p. 134), "el modelo de análisis es una instantánea de los requisitos en un momento dado." Cuando se necesita obtener una posición actualizada del proyecto este debe actualizarse para reflejar los cambios en los requisitos. Un modelo de análisis inicial correcto proporciona una base sólida para el resto del proyecto, aunque los cambios sean correctos.

El modelo de análisis puede basarse en diferentes elementos, tales como los escenarios, las clases, flujo y comportamientos. Lenguajes como UML (Unified Modeling Language), con sus numerosos diagramas se utilizan para describir los diferentes aspectos y elementos del sistema (Pressman, 2006, p. 153).

En un proceso de desarrollo tradicional, el modelo de análisis es el punto de partida para la tarea de estimación del proyecto de software. Los elementos del análisis sirven como entrada a los modelos y técnicas de estimación.

LAS HISTORIAS DE USUARIO

Los modelos ágiles utilizan historias de usuario para captar las necesidades de los clientes en un proyecto de software. Una **historia de usuario** es una descripción en primera persona y de alto nivel de una acción que el usuario efectúa en el sistema (Cohn, 2004).

Las historias de usuario son escritas en primera persona y en lenguaje simple con el fin de mejorar el entendimiento entre el equipo de desarrollo y el cliente, debido a que uno de los mayores obstáculos en la comprensión del problema está en la comunicación (Cohn, 2004). Así, en lugar de documentos técnicos y formales, las historias de usuarios hacen hincapié en la forma verbal de la comunicación.

Al escribir una historia de usuario se evitan detalles considerados innecesarios e inconvenientes (Koskella, 2008, p. 326). Eso significa que se debe escribir en pocas palabras (en una o dos frases) y evitando cubrir más de una funcionalidad. En algunos casos, cuando una función es compleja por naturaleza, muchas historias de usuario reflejan escenarios específicos de ella. Por otra parte, una historia muy detallada podría prescribir técnicamente una solución, es decir, influir excesivamente en cómo el desarrollador hará su aplicación.

Las historias de usuario son una forma sencilla de administrar los requisitos de los usuarios sin necesidad de muchos documentos formales.

Las principales características de las historias del usuario son: que son independientes unas de otras, negociables, valoradas tanto por clientes como por usuarios, estimables, cortas y cubren requisitos normalmente verificables.

BACKLOG

Backlog es una lista de lo que queda por hacer para completar el producto o una iteración (Schwaber, 2004). En general, el Backlog está compuesto por el conjunto de historias de usuario necesarias para completar el producto o por el conjunto de actividades necesarias para completar las historias de los usuarios seleccionadas y estimadas para la iteración. Schwaber (2004) define dos tipos de backlog:

Backlog de Producto: *la lista de historias necesarios para completar el producto, incluidas las estimaciones para cada uno.*

Backlog de Sprint: *la lista de tareas necesarias para completar las historias de los usuarios seleccionados para la entrega del siguiente incremento funcional del producto.*

El Backlog se puede mantener en orden de importancia o prioridad para facilitar la planificación de las iteraciones futuras y controlar la iteración actual.

Las estimaciones de la finalización de la iteración, la finalización del producto y la velocidad del equipo se derivan de la gestión del Backlog. El gerente ajusta las estimaciones en la medida en que los datos reales de tiempo se recogen durante la ejecución de las actividades.

La ingeniería de requisitos propone abordajes para hacer frente a la inevitable dificultad de definir los requisitos de un sistema de software y construir y mantener el modelo de análisis, es decir, la definición de lo que va a ser construido.

Sin embargo, se necesita talento, experiencia y esfuerzo para obtener los requisitos adecuados en ese proceso debido a las barreras relacionadas con la comunicación, el alcance y la mutabilidad.

Con la lista inicial de requisitos, se puede realizar una estimación inicial del software y por lo tanto crear un cronograma basado en las características.

Por eso, el proceso de desarrollo de software ejecutado en el proyecto afectará al cronograma. El proyecto no consiste solo en las tareas de programación secuencialmente ejecutadas.

Cada proceso consta de actividades de desarrollo y de gestión que incluyen aspectos más allá del propio software, que requieren actividades adicionales, que dividen el desarrollo en fases e iteraciones, proporcionando actividades de ajuste y artefactos de salida que permiten la gestión de proyectos. Por lo tanto, la actividad de la estimación debe considerar el proceso para ajustar las estimaciones generadas.

EL PROCESO DE DESARROLLO DE SOFTWARE

Un sistema de software se construye a través de un proceso de desarrollo, ya sea formal o empírico. Muchos procesos han surgido con el tiempo, dentro de los cuales los principales se presentan en este capítulo.

Mediante la adopción de procesos formales y reconocidos se aprovecha el conocimiento y la experiencia de los expertos que los han creado. Esto incluye mejores prácticas, listas de control y actividades predefinidas, entre otros. Existe el riesgo de un mal uso del proceso, ejecutando todas las actividades propuestas sin la debida reflexión, perdiendo el tiempo en lo que no es importante lo que genera una falsa seguridad basada solo en el hecho de utilizar un proceso conocido.

Por otra parte, un proceso empírico depende de la experiencia, la habilidad y el conocimiento del equipo. Profesionales experimentados y maduros sacan ventaja de la libertad de este tipo de proceso porque adoptan buenas prácticas de desarrollo, saben que actividades se requieren para completar sus tareas y saben cómo prevenir y resolver problemas.

También hay procesos de gestión utilizados durante el desarrollo de software. Algunos fueron creados específicamente para el diseño de software y otros son modelos adaptados de la gestión de proyectos. Algunos modelos incluyen elementos de gestión de desarrollo y viceversa. Como resultado, puede haber lagunas en un proyecto que lleva a cabo un proceso incompleto. Algunas organizaciones adoptan procesos complementarios para llenar estos vacíos.

EL MODELO DE PROCESO DE SOFTWARE

Un modelo de proceso es una abstracción de un proceso (Sommerville, 2003, p. 36). Estos modelos representan los enfoques utilizados en el desarrollo de software dentro de las organizaciones. Sobre la base de estos modelos, se han propuesto varios procesos para el desarrollo de software con el fin de construir un mejor producto, con un menor coste y más rápidamente.

Un proceso de desarrollo de software es un conjunto de actividades y resultados asociados que generan un software (Sommerville, 2003, p. 7). En general, los procesos de desarrollo se centran en los aspectos técnicos como la especificación, desarrollo, validación y evolución del software y deben proporcionar transparencia y flexibilidad para facilitar la gestión del proyecto.

El proceso adoptado por una organización es también una abstracción en relación con el proceso en ejecución en un proyecto determinado. En general, el proceso de la organización se adapta de acuerdo a las necesidades específicas del proyecto.

LA GESTIÓN DE PROYECTOS

Hay una necesidad de gestionar el proceso de desarrollo de software a través de modelos, procesos, actividades y herramientas específicas. El desarrollo de un software tiene sentido en el contexto de una empresa y una organización. Es importante alinear los requerimientos del negocio con el producto de software y gestionar las actividades de desarrollo, control de tiempo, costes y calidad para que el proyecto no termine en un fracaso desde el punto de vista del negocio (Sommerville, 2003, p. 60).

Los procesos de desarrollo pueden incluir las actividades de gestión, tales como el Proceso Unificado (Rational, 2001), pero existen modelos y procesos específicos para la gestión de proyectos. Es posible adoptar una combinación de procesos complementarios de acuerdo con las necesidades del proyecto y de la organización.

La estimación de software es importante para la gestión de un proyecto. Decisiones como la cancelación de un proyecto se pueden hacer sobre la base de estimaciones de coste y el tiempo necesarios para desarrollar un determinado sistema de software. Las estimaciones adecuadas dan origen a decisiones acertadas, mientras que las estimaciones poco realistas causan prejuicio.

Además, dado el esfuerzo real en comparación con el esfuerzo estimado, proporciona una herramienta importante para el ajuste de las estimaciones de los proyectos en curso y de futuros proyectos. La experiencia y los datos agregados a través de esta comparación permiten estimar las actividades futuras con mayor precisión y atenuar los riesgos de incumplimiento de los plazos acordados. Para ello, el gerente debe poseer los registros organizados de las actividades completadas.

CLASIFICACIÓN DE LOS MODELOS DE DESARROLLO DE SOFTWARE

La estimación debe considerar el proceso como las actividades de desarrollo. Cuanto más actividades extra, documentación y precisión fueran exigidos, mayor será el factor de ajuste necesario para las estimaciones.

Este estudio considera los modelos más burocráticos y con mayor rigor como modelos tradicionales. Modelos con poca burocracia, también llamados modelos empíricos, incluyen los modelos de procesos ágiles.

Kroll (2006) clasifica algunos modelos en unos gráficos cuyo eje horizontal es el grado de disciplina adoptado y el eje vertical el nivel de iteratividad. En la Figura 2, el autor coloca el proceso de madurez del proceso CMM con un alto grado de burocracia y baja iteratividad, mientras que los modelos ágiles con poca burocracia y alta iteratividad. El CMMI, una evolución del CMM, es más interactivo y menos burocrático. Así los procesos ágiles son bastante iterativos y muy poco burocráticos.

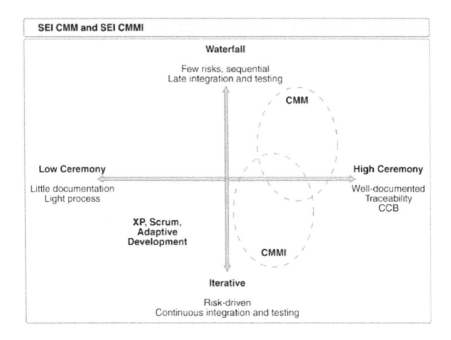

Figura 2 - Grado de la burocracia de los procesos tradicionales (Kroll, 2006, p. 36).

La Figura 3 muestra la misma idea, incluyendo ahora el Proceso Unificado. Debido a sus características de adaptación, el Proceso Unificado cubre una amplia gama de la gráfica. Dependiendo del proyecto, este puede ser adaptado para ser más o menos iterativo y disciplinado.

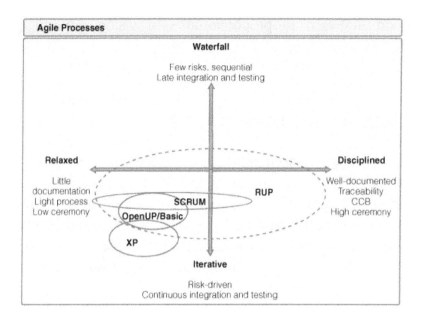

Figura 3 - Grado de la burocracia de los procesos ágiles (Kroll, 2006, p. 45).

MODELOS DE DESARROLLO Y GESTIÓN DE SOFTWARE

Los modelos de desarrollo son abstracciones de los enfoques de desarrollo de software utilizados en las organizaciones. Se pueden aplicar en diferentes procesos individualmente, combinados y con variaciones.

Los modelos afectan directamente a la forma en que el proyecto se gestiona. Los modelos iterativos, por ejemplo, determinan que habrá planificación de las actividades en cada iteración en todo el desarrollo.

La comprensión de los principios, beneficios y desventajas de estos modelos ayuda en el desarrollo y en la estimación de un software al proporcionar una visión general del enfoque utilizado en el proyecto.

MODELOS INCREMENTALES

Los modelos incrementales incluyen los modelos de desarrollo cuya constitución es de pequeños ciclos de desarrollo iterativo, es decir, a cada ciclo nuevos incrementos son añadidos en el software (Pressman, 2006, p. 40), que gana funcionalidades durante todo el proyecto. En cada iteración se produce una versión parcial funcional del software.

Este modelo tiene ventajas sobre un modelo secuencial de desarrollo. Los incrementos se pueden planear para gestionar los riesgos técnicos, una buena práctica adoptada por procesos modernos (Campos, 2009). También absorbe mejor los cambios en los requisitos, sobre todo cuando algunos de ellos aún no han sido claramente entendidos.

Dependiendo de las características que se desarrollarán en cada incremento, las actividades de gestión deben realizar su planificación, estimación y negociación de requisitos para cada iteración.

Sin embargo, el modelo incremental tiene algunos problemas. Algunas funciones dependen de otras, pudiendo ser interdependientes, por lo que puede haber obstrucciones en el desarrollo. Además, los cambios en los requisitos ya desarrollados invalidan el horario y las estimaciones.

MODELOS EVOLUTIVOS

En los <u>modelos evolutivos</u> el software es ajustado, mejorado y se le añade nuevas funcionalidades, por lo que es más completo en cada ciclo de desarrollo (Pressman, 2006, p. 42). Los sistemas de software deben adaptarse con el tiempo. No hay manera de forzar un desarrollo lineal hasta el producto final. La evolución gradual del producto es un enfoque para resolver este problema.

Estos modelos también son iterativos, pero difieren de los modelos incrementales porque dan mejor cabida a situaciones donde apenas los requisitos básicos son entendidos y cuyos detalles solo se conocerán más tarde.

Sin embargo, en los modelos evolutivos es difícil estimar y planificar el número de iteraciones necesarias para construir el producto completo, pues la mayoría de las técnicas de gestión y estimación del proyecto se basan en la disposición lineal de las actividades (Pressman, 2006, p. 47).

La estimación y la planificación de los proyectos que adoptan el modelo evolutivo deben ser revisadas constantemente en la medida en que se detectan cambios en los requerimientos. En la medida en que avanza el proyecto, si se gestiona adecuadamente, los ajustes en las estimaciones y el rediseño probablemente converjan en resultados más realistas.

MODELOS ÁGILES

El "Manifiesto para el Desarrollo Ágil de Software" (Agile Manifesto, 2009), firmado en 2001 por algunos desarrolladores de software importantes, dio comienzo a un movimiento emergente que busca de formas de desarrollar software más ágilmente. Este documento pone de relieve algunos principios ya conocidos con el fin de superar los retos modernos del desarrollo de software (Pressman, 2006, p. 58).

Los principios fundamentales de los modelos ágiles son:

individuos e interacciones en lugar de procesos y herramientas;

la ejecución de software en lugar de la documentación completa;

colaboración de los clientes en lugar de negociar los contratos;

respuesta a los cambios siguientes en lugar de seguir un plano.

Los <u>modelos ágiles</u> buscan establecer solo un conjunto mínimo de organización y disciplina, dejando las otras decisiones a cargo del equipo. Existe la presunción de que un equipo con experiencia y conocimientos diversos sabría cómo coordinar su trabajo y auto-organizarse, por lo que cualquier tipo de burocracia inhibe el potencial de los individuos.

Los "agilistas" también apoyan la tesis de que no solo basta incluir algunos retoques y mejores prácticas en los modelos tradicionales sino que tenemos que deshacernos de las "viejas vestiduras".

El objetivo de los modelos ágiles en general no es

solucionar definitivamente los retos de la ingeniería de software, sino proporcionar el mejor ambiente para el desarrollo de software.

Además, los defensores y practicantes de modelos ágiles, llamados "agilistas", defienden la idea de que los procesos ágiles son los más adecuados para responder a las altas tasas de cambio de las necesidades que surgen de la dinámica de los negocios de hoy.

En contraste con todos los beneficios de los modelos ágiles, la correcta aplicación de los diversos procesos ágiles requiere un personal experimentado y de individuos calificados y motivados. Por otra parte, los proyectos de software con alta complejidad requerirán documentación detallada. Tanto el cliente como los ingenieros de software pueden crear obstáculos técnicos y personales para aceptar el modo de trabajo establecido por algunos procesos ágiles. Los problemas en estos y en otros aspectos pueden llevar al proyecto al fracaso.

Los modelos ágiles hacen hincapié en que la estimación de historias de usuario y sus respectivas tareas debe ser realizada por el equipo de desarrollo, pues quien efectivamente ejecuta el trabajo estaría en mejores condiciones para estimar que las personas que pueden ni estar involucradas con el proyecto. Sin embargo, delegar esta función exigirá a la organización, experiencia y habilidad por parte del equipo. Por otra parte, los propios agilistas reconocen el hecho de que los desarrolladores tienden a producir las estimaciones más optimistas, lo que requiere que el gerente las ajuste posteriormente (Astels, 2002, p. 70).

En general, la adopción de un modelo ágil, no implica restricciones en la técnica de estimación, siempre que la misma cumpla los principios ágiles. Sin embargo, las técnicas que implican el equipo como un todo y enfatizan la comunicación, como Planning Poker, son más recomendadas.

MODELADO ÁGIL

El modelado ágil es un conjunto de principios coherentes con la filosofía de los modelos de desarrollo ágiles. No es una técnica o método en sí, sino que establece una filosofía para guiar el sistema de modelado de software.

Adoptar un proceso ágil no significa que no habrá ninguna documentación, sino que esta debe ser producida de conformidad con los principios del desarrollo ágil. Ambler (2002) presenta algunos principios de modelado ágil en la tabla siguiente.

Tabla 1 - Principios del Modelado Ágil (Ambler, 2002)

Modelar con un propósito	Sólo crear diagramas, documentación y especificaciones si hay un objetivo específico para eso.
El uso de varios modelos	Elegir algunas de las múltiples formas de modelado existentes que sean necesarias y

	representativas.
Mantener solo lo necesario	Actualizar los modelos a lo largo de todo el proyecto conforme los cambios en los requisitos genera un trabajo considerable, por lo que solo lo que es realmente relevante debe mantenerse.
El contenido es más importante que la representación	La preocupación debe ser la de transmitir la idea y no el formalismo de un modelo, es decir, la información contenida en los artefactos debe ser suficiente para la situación actual.
Conocer los modelos y herramientas	Saber utilizar adecuadamente las plantillas y herramientas de ayuda en la decisión de la forma de modelar un problema. Los diagramas tienen muchas características y limitaciones que se desechan según sea necesario.
Adaptar localmente	El modelo debe ser adaptado a las necesidades del proyecto y el equipo.

Puede aplicar estos principios en cualquier modelo de desarrollo, más una contribución que los procesos ágiles trajeron fue el énfasis en dejar de usar el "proceso por el proceso", es decir, utilizar el proceso solo como un medio para alcanzar los objetivos de la organización y no como un fin en sí mismo.

PROTOTIPOS

La creación de prototipos es una técnica que puede ser aplicada en modelos iterativos. Consiste en producir una iteración inicial del software basada en los requisitos de alto nivel con el fin de comprobar la viabilidad del proyecto y la satisfacción del cliente (Pressman, 2006, p. 42). También sirve como un mecanismo para identificar los requisitos, pues permite una verificación temprana de lo que se produce.

Todo lo que se produce debe ser desechado porque la construcción inicial es generalmente rápida, desorganizada y sin calidad. El coste de la corrección de las funcionalidades y la arquitectura de un prototipo pueden superar un nuevo desarrollo. El lenguaje de programación y las herramientas para la creación de prototipos pueden no ser ideales para el entorno de producción. Sin embargo, la pérdida puede ser minimizada incluyendo la eliminación en la planificación.

Hay riesgos en este enfoque. El cliente puede no entender que el prototipo debe ser desechado. Además, partes del sistema construidas de manera ineficiente pueden permanecer en el producto final.

El prototipado aumenta la calidad de las estimaciones cuando se alcanza el objetivo de esclarecer los requisitos. Esta técnica es importante cuando el dominio es complejo o hay dificultades de comunicación con los usuarios.

PROCESOS DE DESARROLLO DE SOFTWARE

MODELO WATERFALL

El modelo Waterfall es un modelo secuencial (véase la Figura 4) de desarrollo que, en teoría, funciona bien cuando los requisitos son bien conocidos y se esperan pocos cambios.

Figura 4 - Adaptado de Pressman (2006, p. 39).

Este modelo es criticado por presentar algunos problemas (Pressman, 2006, p. 39). En primer lugar, los proyectos reales raramente son secuenciales. Los ajustes realizados generarían un tipo de iteración confusa en medio de las fases del modelo. Por otra parte, los requisitos establecidos de antemano sufren cambios difíciles de absorber. Finalmente, el cliente recibe algo ejecutable solo al final del ciclo. Pressman cita el trabajo de Bradac, que comprobó que la linealidad de este modelo lleva a bloqueos frecuentes, o sea, todos los participantes del proyecto necesitan esperar a que todos los demás completen su fase actual antes de iniciar la siguiente fase.

La gestión de un proyecto con el modelo Waterfall es más difícil que en otros modelos. Como la planificación, que incluye la estimación, se realiza solo al principio, no hay muchos puntos de verificación y ajuste. El ajuste de las estimaciones requeriría actividades de planificación durante el proyecto, lo que no es previsto en el modelo.

MODELO SPIRAL

El modelo Spiral es un modelo orientado a riesgos cuyas iteraciones iniciales consisten en modelos o prototipos del software (Pressman, 2006, p. 44). En las iteraciones posteriores son producidas versiones del sistema cada vez con mayores funcionalidades. Un rediseño se lleva a cabo en cada iteración teniendo en cuenta la rentabilidad del cliente.

Este modelo es uno de los más adaptables y manejables, ya que permite absorber más fácilmente los cambios en los requisitos de software a lo largo del tiempo debido a su carácter iterativo e incremental. Además, las iteraciones se pueden extender más allá de la entrega del producto final, incluyendo las nuevas versiones del producto, que termina solo cuando el producto está fuera de uso.

MODELO UNIFICADO

Según Kroll (2003, p. 32), el Proceso Unificado es un enfoque iterativo, centrado en la arquitectura y conducido por los casos de uso. Este proceso de gestión y desarrollo de software fue un intento de combinar las mejores características de los modelos de desarrollo (Pressman, 2006, p. 51).

El Proceso Unificado enfatiza las buenas prácticas de

desarrollo (Kroll, 2003, p. 151), lo que puede aumentar la calidad de las estimaciones. Mitigar los riesgos arquitectónicos considerados más impactantes lo antes posible a través de pruebas de concepto, por ejemplo, ayuda a entender el verdadero problema. De este modo, se evita la falsa impresión del buen avance del proyecto ya que los desafíos más grandes se dejan para el final, lo que probablemente invalidará cualquier estimación. Además, si los riesgos son difíciles de superar, el coste de la cancelación del proyecto no es tan grande como en etapas más avanzadas.

De hecho, este proceso sirve como un framework que permite la composición de procesos específicos. Define un conjunto de actividades y productos de trabajo que pueden ser incluidos en el proceso de una organización, de acuerdo con sus necesidades y sus proyectos. Las actividades y los productos de trabajo pueden variar en cantidad, tamaño y detalles conforme el nivel deseado de gestión y otros factores. El grado de burocracia puede ser ajustado de acuerdo a las necesidades del proyecto.

El Proceso Unificado puede adoptarse en proyectos grandes y pequeños. Kroll (2003, p. 88) describe las aplicaciones del proceso en el proyecto de una sola persona hasta proyectos distribuidos con cientos de desarrolladores, siendo el nivel de la burocracia en cada tipo de proyecto compatible con la necesidad.

EXTREME PROGRAMMING

Beck (1999) publicó un estudio que dio lugar a Extreme

Programming (XP), un proceso que utiliza un enfoque de desarrollo orientado a objetos, iterativo e incremental (Novak, 2002). Este comprende algunas fases que se producen en cada iteración (Pressman, 2006, p. 63).

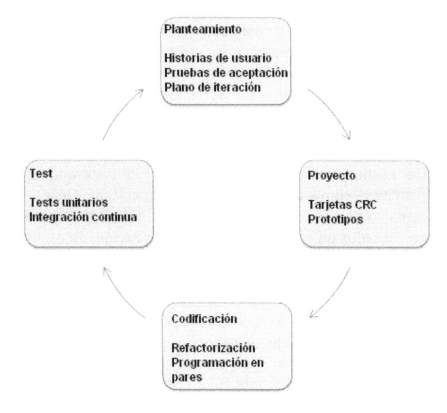

Figura 5 - Adaptado de Presman (2006, p. 64)

En la fase de planificación se crea un conjunto de historias escritas por el cliente en tarjetas, incluyendo un valor asociado al negocio. El coste de cada historia se desarrolla con base a los comentarios de los desarrolladores, de acuerdo con los principios del modelo ágil. Algunas historias son seleccionadas para ser desarrolladas en la iteración actual.

La fase de diseño tiene como objetivo crear una representación simple de las historias que se desarrollarán en la iteración. Se utilizan preferentemente tarjetas CRC (Grado-Responsabilidad-Colaborador), el único producto de trabajo que es parte del proceso. Cada historia de usuario debe tener al menos una prueba de aceptación para cada escenario identificado. Las pruebas de aceptación de una historia de usuario tienen como objetivo demostrar que el comportamiento del sistema es el esperado por el usuario.

Durante la fase de codificación, la recomendación es no empezar desarrollando las funcionalidades del sistema y si codificando pruebas unitarias para lo que será desarrollado. La codificación se lleva a cabo con la recomendación de la programación en parejas, donde dos personas trabajan juntas en una estación de trabajo. Lo ideal sería que, al final de cada día, el código producido por cada par fuese integrado a los demás en la estrategia conocida como integración continua.

Extreme Programming alienta la refactorización, es decir, el proceso de modificar un sistema de tal modo que no altere el comportamiento externo del código, sino mejore la calidad interna del software a través de revisiones arquitecturales, mejora del rendimiento, cambios de código para aumentar claridad, entre otros (Astels, 2002, p. 149). Es una forma disciplinada de modificar y simplificar el diseño que minimiza las posibilidades de introducción de defectos. Esto se puede hacer porque la comprobación automática asegura que las características del sistema se mantienen consistentes.

El seguimiento del progreso del desarrollo se lleva a cabo a través de pruebas de aceptación automatizadas, aunque no se descarta las pruebas de aceptación de usuario en la entrega de una versión. Por lo tanto, el progreso se mide de acuerdo con una visión aproximada a la que el usuario tiene sobre las características que él espera. Esto facilita la alineación de los objetivos del usuario con los del equipo de desarrollo.

SCRUM

Scrum es un proceso ágil de gestión de proyectos creado por Ken Schwaber y Jeff Sutherland en los años 90 (Schwaber, 2008). Es un proceso empírico para el desarrollo de productos, es decir, no se limita al desarrollo de software y se puede aplicar en cualquier tipo de proyecto cuyas características del producto hacen que su desarrollo no sea completamente predecible. Para poder utilizar Scrum, el equipo debe poseer todas las habilidades necesarias para realizar las tareas del proyecto.

Scrum se desarrolló en los pilares de la transparencia, donde los aspectos que afectan a los resultados son visibles para aquellos que gestionan los resultados de la inspección, donde los diversos aspectos del proceso deben ser inspeccionados con una frecuencia suficiente para que variaciones inaceptables en el proceso puedan ser detectadas y de la adaptación, ya que si uno o más aspectos del proceso están fuera de los límites y el producto resultante es inaceptable, el director del proyecto debe ajustar el proceso o el material que está siendo procesado lo más rápido posible para minimizar aún más la desviación.

Estos pilares buscan facilitar la gestión de proyectos. Los riesgos pueden ser mitigados a medida que surgen y las adaptaciones se llevan a cabo siempre que sea necesario. La flexibilidad impide que el proceso se convierta en un obstáculo para que el equipo satisfaga las necesidades inmediatas de la empresa.

Solo hay tres funciones que los miembros de un equipo Scrum pueden tomar. El Scrum Master es responsable de asegurar que el proceso sea entendido y seguido, como un director de proyecto, el Product Owner (propietario del producto) para maximizar el valor del trabajo que el equipo desarrolla, en representación del cliente, priorizando y explicando las características, y el Time es todo el personal que efectúa efectivamente el trabajo.

El Scrum Master es responsable de mantener las estimaciones actualizadas del proyecto. Las estimaciones del proyecto en su conjunto y de la iteración actual son parte importante de los pilares descritos anteriormente, ya que se generan en base a la inspección, brindan transparencia y son la base para la adaptación necesaria.

Scrum define solamente cuatro productos de trabajo: el Product Backlog, que consiste en una lista de los requisitos del producto (historias de usuario, por ejemplo) y puede ser cambiado en cualquier momento del proyecto; Burndown de la Release, un gráfico que muestra la suma de las estimaciones de trabajo restante del Product Backlog a lo largo del tiempo; Sprint Backlog, una lista de tareas que el equipo debe cumplir para generar el siguiente incremento del producto; y el Burndown Sprint, un gráfico de la cantidad de trabajo restante de la iteración actual (Sprint).

Los gráficos de burndown proporcionan estimaciones actualizadas del proyecto. Se generan a partir del backlog y de la composición de datos estimados y recogidos de la velocidad del equipo en cada actividad o historia de usuario. A través de estos gráficos el gerente puede responder en cualquier momento sobre el estado de la iteración (Sprint) y del proyecto (Release). Pero la gráfica general del release no siempre se produce, pues las historias de usuario de las próximas iteraciones pueden sufrir cambios drásticos.

Las iteraciones Scrum se dividen en seis fases, que se describen en la Tabla 2.

Tabla 2 - Principios del Modelado Ágil (Schwaber, 2008)

Reunión de planificación de la release	Su objetivo es establecer un plan y metas para la iteración que está empezando. En esta reunión se crea el backlog inicial del release.
Sprint	Es la iteración en sí, que genera un aumento adicional del producto que contiene la aplicación de los requisitos provocados a través de las historias de usuario seleccionadas. La duración es de una a cuatro semanas, dependiendo del nivel de experiencia del equipo.
Reunión de planificación *Sprint*	Realización de la planificación de la iteración.

Revisión de *Sprint*	El incremento es presentado a los clientes para obtener feedback y otras informaciones necesarias para la planificación del siguiente sprint.
Retrospectiva de *Sprint*	El equipo se reúne para analizar las decisiones y acciones que cada uno considere hayan sido correctas o incorrectas, por ejemplo, acerca de las herramientas o técnicas adoptadas con el fin de mejorar el proceso de desarrollo del equipo.
Scrum Diario	Reunión rápida, con una duración media de 15 minutos, donde cada miembro del equipo explica brevemente lo que está haciendo y si hay alguna barrera que hay que superar.

La estimación inicial general y de cada iteración se produce en las reuniones de planificación, mientras que el control y las actualizaciones de las estimaciones se hacen a través de gráficos de burndown.

COMBINANDO EXTREME PROGRAMMING Y SCRUM

Por ser ambos ágil, Scrum y Extreme Programming comparten principios comunes y se pueden utilizar juntos. Scrum es un proceso de gestión de proyectos, mientras que la programación extrema es un proceso de desarrollo de software. Estos dos tipos de procesos generalmente no son excluyentes. Kniberg (2006) describe sus experiencias con los procesos combinados y afirma que no hay ningún conflicto entre ellos.

Esta combinación es un ejemplo de un proceso que comprende dos partes necesarias para el desarrollo de software. Procesos de gestión como Scrum no definen aspectos específicos del desarrollo de software, mientras que los procesos de desarrollo como XP lo hacen.

Cuando el proceso de una organización no responde adecuadamente a las áreas necesarias y las lagunas que queden por cubrir, las actividades necesarias pueden dejar de ejecutarse o hacerse empíricamente de forma marginal al proceso y sin la administración.

TEST DRIVEN DEVELOPMENT

El Test Driven Development (TDD) es un proceso de desarrollo de software orientado a los procesos de casos de prueba. A partir de los escenarios de uso identificados para un sistema, se codifican pruebas para cada uno de ellos. Durante el desarrollo, se escribe el código necesario para tener éxito en cada prueba. Por último, se mejora la arquitectura y el código en general, mediante el uso de las pruebas para asegurar que el funcionamiento esperado no se vio afectado (Koskela, 2008, p. 33).

Este proceso busca alinear el desarrollo con los requerimientos del negocio a través de las pruebas de aceptación, lo que garantiza que el software cumpla con las necesidades de la empresa. Si las pruebas de aceptación reflejan el comportamiento esperado por los usuarios, entonces el criterio de evaluación del software es el resultado de la ejecución de las pruebas. Esto permite evaluar y controlar la calidad del sistema desde un punto de vista similar al del usuario, evitando que sean emprendidos esfuerzos que no cumplen con las necesidades del negocio.

El TDD puede mejorar la precisión de la estimación. Su objetivo es garantizar que el equipo tiene la comprensión de la funcionalidad a través de la creación precoz de las pruebas. Por lo tanto, ya que el equipo debe cumplir los requisitos para la creación de las pruebas, tendrá una comprensión más precisa del problema, lo que puede conducir a mejores estimaciones.

FEATURE DRIVEN DEVELOPMENT

El Feature Driven Development (FDD) es un proceso práctico, iterativo e incremental de desarrollo de software orientado a objetos con un enfoque en las características del sistema. Una característica "es una función apreciada por el cliente que se puede implementar en dos semanas o menos" (Pressman, 2009, p. 71). En cada iteración de incremento del software algunas de las características que añaden valor al producto se estiman, a continuación, son seleccionadas y desarrolladas para que el resultado de su respectiva prueba sea un éxito.

El objetivo de este proceso es valorizar el producto centrándose en las características del producto que el cliente necesita. El foco en las características facilita la comprensión del producto por parte del cliente y la comprensión de este con el equipo de desarrollo.

El FDD puede obstaculizar la actividad de estimación cuando las características son muy abstractas en relación con el software. La visión del producto a través de características se puede entender mejor desde el punto de vista del usuario pero para el equipo de desarrollo es un desafío intentar predecir el esfuerzo de desarrollo requerido para una característica descrita en un nivel alto.

Conocer y comprender los diferentes modelos y procesos de desarrollo de software y gestión de proyectos es importante para la estimación correcta. Procesos y modelos proporcionan enfoques prácticos para el reto de desarrollar software de acuerdo con las necesidades reales del cliente.

Hay una tendencia de los procesos modernos en la búsqueda de flexibilidad, menos burocracia y mantener el foco en el producto de negocio. Esto significa reducir el gasto en el tiempo que el personal gasta en actividades innecesarias o sin sentido para no encarecer el producto y hacer posible que la organización coloque su enfoque en los negocios y no en los procesos, técnicas o tecnologías.

Técnicas para la Estimación en el Desarrollo de Software

La estimación de software es fundamental para cualquier proyecto. Las estimaciones de coste, esfuerzo y tiempo son por lo general demandadas por los clientes y el director del proyecto tiene que tener una base para la planificación y toma de decisiones a lo largo del proyecto. La estimación también contribuye a una mayor comprensión del problema y ofrece un horizonte para la realización del proyecto o de la iteración.

Existen varias técnicas, enfoques y modelos de estimación. Este capítulo presenta algunos de ellos con el fin de proporcionar al lector una visión general del tema.

Introducción a la Estimación

La estimación es proporcionar una visión clara del proyecto lo suficiente para que la gerencia pueda tomar buenas decisiones sobre la forma de gestionar el proyecto para que este alcance sus metas (McConnell, 2006). Uno de los propósitos de la estimación es determinar si esas metas son lo suficientemente tangibles para que las mismas se puedan controlar con el fin de lograr estos objetivos (Pressman, 2009, p. 519).

Las mejores estimaciones son las que conducen a decisiones de negocio correctas (McConnell, 2006). La organización sufre prejuicio al ejecutar un proyecto donde el presupuesto y los esfuerzos reales ultrapasan los valores estimados en un cierto rango. Por lo tanto, buenas estimaciones serían las que proporcionan la aproximación necesaria para que el presupuesto y el esfuerzo se establezcan con un margen adecuado.

McConnell (2006) define buenas estimaciones desde el punto de vista estadístico como aquellas que varían en un 25% o menos durante al menos el 75% del tiempo. El criterio arbitrario del autor refuerza el concepto de que las buenas estimaciones son las que proporcionan buenas aproximaciones para que la mayoría de las decisiones sobre los proyectos sean correctas.

Una estimación no es una medida, sino una suposición acerca de algo que se espera que sea verdad. Las técnicas y los modelos matemáticos pueden dar una falsa impresión de exactitud, pero las predicciones sobre el software siempre están basadas en juicios subjetivos sobre la base de una definición abstracta del sistema.

Las estimaciones no deben ajustarse para adaptarse a la finalidad de la empresa o negocio del cliente, como por ejemplo para cumplir una fecha límite arbitraria. El esfuerzo de desarrollo y la complejidad del software no cambian debido a estos aspectos. Cuando es necesario entregar un software anticipadamente, se deben ajustar otras variables para que el esfuerzo requerido se lleve en un tiempo menor.

Una estimación no es un compromiso (McConnell, 2006). Los ejecutivos de una organización por lo general quieren un compromiso y un plan para lograr un objetivo de negocio. Aunque el compromiso y el plan pueden estar basados en estimaciones, es importante diferenciar los conceptos.

Por otra parte, la estimación debe considerar varios factores que influyen en el desarrollo de software. En la estimación deben ser considerados los factores en relación con el problema, el cliente, el entorno de desarrollo y las personas involucradas, que influyen directamente en el diseño de software.

Según McConnell, la actividad de estimación sería análoga a un arte. Aunque las técnicas y modelos proporcionan un enfoque coherente de la estimación, el conocimiento, la experiencia y las habilidades del estimador son decisivos para la calidad de las estimaciones.

LA INCERTIDUMBRE DE LAS ESTIMACIONES

Las estimaciones tienen diferentes grados de incertidumbre a lo largo de todo el proyecto (McConnell, 2006). Ellas son inciertas por naturaleza (Pressman, 2009, p. 520), pero la incertidumbre puede disminuir mientras medidas del proyecto se recogen y el problema es conocido con más detalle. Este pensamiento se ejemplifica en la figura 6, donde Cohn (2006, p. 4) presenta el cono de incertidumbre.

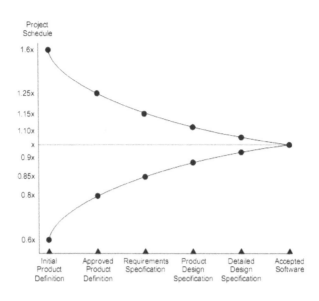

Figura 6 - Cono de incertidumbre (Cohn, 2006, p. 4)

Las estimaciones se pueden considerar desde el punto de vista probabilístico. En lugar de un valor absoluto, se considera un rango de valores con la mayor probabilidad de que contiene el valor real. Al principio del proyecto la incertidumbre llega a su ápice, pero disminuye a medida que las tareas se han completado, los riesgos son mitigados y el gerente puede evaluar lo que realmente se lleva a cabo en contraste con lo que estaba previsto anteriormente. La incertidumbre es mínima al final del proyecto, cuando todas las actividades se han completado y el esfuerzo necesario para completarlas contiene el valor que refleja la realidad.

Sin embargo, el grado de incertidumbre representada por el cono de incertidumbre (Figura 6) refleja la menor incertidumbre posible en un determinado punto del proyecto. McConnell (2006) afirma que lo común es la incertidumbre más grande de lo que se muestra en el gráfico, especialmente en proyectos en los que no se toman las precauciones necesarias en cada etapa a través de una gestión adecuada.

PROS Y CONTRAS EN LA ESTIMACIÓN DE SOFTWARE

No existe una forma de estimación determinista. Se han gastado esfuerzos y recursos para crear y refinar las técnicas y modelos de estimación, pero características tales como la mutabilidad de los requisitos y la intangibilidad del software los hace inherentemente difíciles de estimar.

Las barreras en la obtención de requisitos parten de los principales factores que hacen difícil la estimación. Los requisitos cambian con el tiempo. Muchos tipos de dominios sufren cambios muy rápidamente, otros son muy complejos, hay casos en que los usuarios no pueden definir sus necesidades o se fragmenta el conocimiento, de tal manera que no es posible identificar con precisión lo que necesita ser desarrollado.

Las características del software también complican la tarea de estimación. Identificar la solución completa a un problema es un reto. El software es un producto abstracto, desarrollado en un proceso diferente de la ingeniería convencional, porque cada uno es un software único. Todo esto hace difícil la tarea de predecir el esfuerzo de desarrollo.

Por otra parte, los proyectos de software son impredecibles y los eventos pueden invalidar la estimación realizada. Brooks (1975) afirma que "nuestras técnicas de estimación están poco desarrolladas [...] no reflejan una suposición que no se menciona, que no es cierto, es decir, que todo va a estar bien." Brooks añade que la presión externa puede dar lugar a estimaciones sesgadas y erróneas, porque "a menudo los administradores de software carecen de firmeza para hacer al personal esperar por un buen producto."

Acontecimientos imprevistos pueden ocurrir de varias maneras durante el proyecto. Algunos imprevistos incluyen cuestiones ya discutidas en este estudio sobre el software y los requisitos. Pressman (2009, p. 520) identifica y clasifica una serie de factores que afectan el coste y esfuerzo de desarrollo, conforme la siguiente tabla.

Tabla 3 - Factores que inciden en el desarrollo de software (Pressman, 2009, p. 520)

Factores	Ejemplos
Humano	Renuncias, problemas personales, las habilidades de los individuos.
Ambiental	Dificultad en la comunicación con el cliente o entre el equipo de desarrollo, cambios ejecutivos en alcance o dominio.
Políticos	Los cambios en las leyes, en las políticas de la compañía.
Técnicos	Las herramientas de desarrollo presentan problemas o tienen limitaciones difíciles de sortear, los cambios tecnológicos y las restricciones.

Hay problemas que, cuando están presentes en un proyecto, influyen negativamente en la estimación, que apenas reflejan la realidad. McConnell (2006) identifica algunos de estos problemas, que se describen en la tabla siguiente.

Tabla 4 - Las influencias negativas sobre la estimación (McConnell, 2006)

Proceso de desarrollo caótico	Se produce cuando se produce un fallo en una o más partes del proyecto. Por ejemplo: requisitos no licitados correctamente desde el principio, la falta de participación de los usuarios en la validación de requisitos, prácticas de codificación pobres, equipo sin experiencia, plan de proyecto incompleto, abandonar el plan en momentos de estrés, falta de código de gestión automatizado.
Requisitos inestables	Los cambios se esperan pero los requisitos deben estar bien definidos en algún momento, de lo contrario la estimación no será adecuada, incluso en etapas avanzadas del proyecto.
Actividades faltantes	Una de las fuentes más comunes de los problemas es olvidar incluir actividades básicas. Algunos ejemplos comunes son: la instalación del sistema, conversión de datos, la adaptación y el uso de bibliotecas de terceros, ayuda al usuario, interfaces

	con sistemas externos. Además, algunos de los requisitos no funcionales también se olvidan, como el rendimiento, fiabilidad, escalabilidad, seguridad, entre otros.
Optimismo infundado	Los desarrolladores tienden a producir estimaciones optimistas con factor de veinte a treinta por ciento en promedio.
La subjetividad y la parcialidad personal	Tendencias personales consciente o inconsciente del estimador generan errores de estimación para más o para menos.
Estimaciones informales	Las estimaciones de los desarrolladores que pasan a sus superiores, sin el tiempo suficiente para evaluar cuidadosamente la situación, probablemente serán muy diferentes de la realidad.
Precisión no necesaria	El término *precisión* no debe confundirse con *exactitud*. Precisión significa estar cerca de la realidad, mientras que la exactitud está más relacionada con el nivel de detalle, por ejemplo, el número de decimales del resultado. Estimaciones demasiado precisas y detalladas no son necesariamente ciertas. Una estimación con precisión de horas no tiene utilidad. Una buena práctica sería la de estimación basada en

	semanas, meses o lo que sea apropiado para el tamaño del proyecto, lo que resulta en una mayor precisión.

Además, las estimaciones también se ven influenciadas por las características del proyecto y del equipo. La influencia puede ser positiva o negativa, dependiendo de cada característica. McConnell (2006) cita cuatro características del equipo y del proyecto en la siguiente tabla.

Tabla 5 - Características de las estimaciones del proyecto influir (McConnell, 2006)

Tamaño del proyecto	El esfuerzo por línea de código aumenta con el tamaño del proyecto. Es importante conocer el tamaño del proyecto y luego ajustar las estimaciones individuales.
Tipo de software	El rendimiento del equipo varía dependiendo del área para la que se desarrolla el software. Por ejemplo, un software desarrollado para tener una intranet llega a tener un coste hasta veinte veces mayor que el software construido para la aeronáutica.
Factores personales	Los estudios demuestran que el rendimiento puede variar en un rango de diez veces entre individuos. Las estimaciones deben ser ajustadas de acuerdo al

	desempeño de los desarrolladores involucrados.
Lenguaje de programación o tecnología	Cuando se utiliza el número de líneas de código como base para las estimaciones, se debe utilizar un factor de ajuste en función del idioma utilizado. Lo mismo se puede extender a otras tecnologías involucradas.

Pressman (2009, p. 525) también destaca algunas influencias que deben ser consideradas en la estimación. Según el autor, incluso si el software a ser estimado fuera relativamente estático en relación con el medio ambiente y los requisitos, hay factores externos que influyen directamente en la calidad de las estimaciones, tales como:

el grado de precisión con la que el planificador estima el tamaño del producto a ser construido;

precisión para transformar la estimación de tamaño en esfuerzo humano, tiempo y coste;

experiencia del gerente;

acceso a una buena información histórica.

Por último, la estimación es una actividad desafiante que tiene muchas influencias y obstáculos derivados de las dificultades intrínsecas del desarrollo de software y la naturaleza de los requisitos, las diversas influencias y características del proyecto, además del riesgo de los problemas que pueden ocurrir durante el proyecto.

Principios Globales en las Estimaciones

Hay principios que se pueden aplicar a cualquier tipo de estimación. Aunque diferentes técnicas y diferentes modelos de estimación son aplicables en diversos aspectos y en diferentes contextos, la naturaleza de las estimaciones sigue siendo la misma.

Cuanto más pronto ocurre la estimación, peores serán las estimaciones (Pressman, 2009, p. 524). La estimación anticipada de todo el software tiende a generar estimaciones peores que en los casos en que se hacen en fases posteriores del proyecto (Pressman, 2009, p. 520). Aunque a menudo es necesario estimar todo el software, es importante volver a hacer la estimación cuando se desea obtener una información actualizada sobre el estado de desarrollo.

Además, la información de proyectos similares ya realizados tiende a dejar las estimaciones mejores. Por lo tanto, es posible predecir con más precisión el esfuerzo requerido al ser basado en experiencias anteriores.

La descomposición del proyecto y del software en unidades más pequeñas también ayuda en la estimación. Esto facilita al estimador mantener el foco y tener una visión más clara de lo que se está estimando. Además, es más fácil encontrar la información histórica de componentes de software similares ya desarrollados.

Las estimaciones de los componentes de software se pueden realizar utilizando medidas relativas (Cohn, 2006, p. 34). En las técnicas que utilizan esta característica, se asigna un valor relativo a cada funcionalidad o componente o sistema. Entonces la estimación final se calcula sobre la base de datos de proyectos similares o en base a lo que ya se ha desarrollado para el proyecto actual. Por lo tanto, no es necesario volver a hacer las estimaciones individuales de los componentes del sistema durante el proyecto, siendo solo necesario ajustar el factor utilizado para calcular la estimación final de acuerdo con las evaluaciones del proyecto.

La calidad de una estimación se puede verificar usando un segundo método de estimación. Cuando el estimador tiene incertidumbre acerca de una estimación y quiere una mayor certeza sobre la misma, puede realizar una nueva estimación a través de otra técnica o modelo para determinar si la primera estimación era fiable.

Sin embargo, no se recomienda invertir demasiado esfuerzo en la estimación. Un esfuerzo excesivo en la mejora de las estimaciones puede resultar en un efecto contrario al esperado, causando distorsión en los valores obtenidos. Cohn (2006, p. 54) hizo una encuesta sobre los esfuerzos para obtener mejores estimaciones y se dio cuenta de que, desde un cierto punto, cuanto más tiempo se invierte en esta tarea, más lejos está el resultado de la realidad (Figura 7).

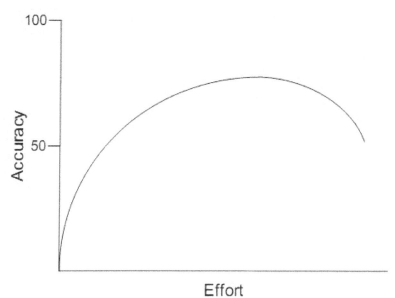

Figura 7 - Gráfico de esfuerzo * precisión de las estimaciones (Cohn, 2006, p. 54)

ESTIMACIÓN INDIRECTA

Algunas de las técnicas de estimación son indirectas (McConnell, 2006). Por ejemplo, dividir el sistema en componentes y estimar basándose en las características de los componentes o estimar a través de una clasificación de las funciones utilizando la lógica fuzzy (categorización de cada característica como muy pequeña, pequeña, mediana, grande o muy grande) son formas indirectas de estimación. Después de la estimación de los elementos de software se calcula la estimación final de acuerdo con la técnica utilizada.

TÉCNICAS Y MODELOS DE ESTIMACIÓN DE PROCESOS DE DESARROLLO

La elección de una técnica o un modelo de estimación en un proyecto se pueden definir con base en el proceso de desarrollo adoptado. Características del proceso pueden hacer no viable o recomendar el uso de una técnica o modelo en particular de estimación. Los procesos ágiles que utilizan historias de usuario para ilustrar la funcionalidad del sistema impiden la aplicación de técnicas de estimación que se basan en un modelo de análisis y diseño.

Se recomiendan las técnicas de estimación que requieren más detalles del sistema para procesos disciplinados o que requieren más burocracia. En general, estas técnicas de estimación parten del modelo de análisis tratando de anticipar el tamaño y la complejidad del software (Pressman, 2009, p. 357). El modelo de análisis debe ser lo suficientemente detallado para permitir que sus elementos sean estimados. Como los procesos burocráticos conceden gran importancia a la planificación anticipada como uno de los factores más críticos para el éxito o el fracaso de un proyecto (Pressman, 2009, p. 519) entonces una técnica de estimación más detallada se hace adecuada.

Por otra parte, se recomienda técnicas empíricas basadas en el juicio humano de funcionalidades o características de alto nivel de un software, cuando la organización adopta procesos con menor burocracia, tales como procesos ágiles.

LA ESTIMACIÓN EN LOS PROCESOS DE DESARROLLO ÁGILES

La estimación en procesos ágiles se basa por lo general en las historias de usuario (Cohn, 2006, p. 34). La unidad de medida utilizada es el *story point* (punto de historia), que indica el tamaño de una historia de usuario que se encuentra en el backlog del producto, en una escala definida para el proyecto en cuestión. El *story point* asignado a las historias de usuarios posee un valor relativo entre diferentes historias, con el fin de permitir la comparación.

Una historia de usuario se detalla en las tareas individuales para el equipo de desarrollo al comienzo de la iteración en que fue seleccionada para ser implementada. El esfuerzo de las tareas se estima entonces en horas. Se recomienda que una tarea no tenga una duración de más de un día de trabajo.

La estimación en procesos ágiles es hecha por el equipo. Los agilistas subrayan que la estimación es mejor que la lleven a cabo las personas que realmente crean el software, en lugar de un analista o gerente.

Por otra parte, la estimación debe ser en equipo, para que la totalidad o la mayoría este acuerdo con cada estimación. Debe evitarse que un miembro influya en otro miembro en la estimación inicial, pues un miembro del equipo podría tener miedo de tener una opinión muy diferente sobre ciertas estimaciones. Cada miembro del equipo tiene el potencial de proporcionar una perspectiva sobre un requisito concreto que los demás no pudieron ver. Por lo tanto, habría una verificación colectiva de cada estimación.

Modelo Básico para la Estimación

La actividad de estimación se puede dividir en tres tareas básicas, independientemente del modelo o técnica utilizada (McConnell, 2006).

En primer lugar, hay que realizar la elección de la técnica de estimación teniendo en cuenta el tamaño y la etapa actual del proyecto o proceso de desarrollo (iterativo, secuencial, evolutivo) y la posible exactitud.

Entonces, el estimador debe contar, calcular y juzgar adecuadamente los elementos que servirán de base a las estimaciones, tales como líneas de código, horas de trabajo o puntos de la historia.

Por último, hay que calibrar los conteos realizados. Esto se realiza utilizando datos históricos de proyectos anteriores o iteraciones anteriores del mismo proyecto y evaluando las características internas y externas que influyen en el proyecto. Por lo tanto, el recuento se puede considerar realmente una estimación.

Técnicas y Modelos de Estimación

Estimación orientada a objetos

Sistemas orientados a objetos se pueden estimar utilizando el modelado orientado a objetos, tales como UML (*Unified Modeling Language*). Se asignan valores a cada objeto en el sistema y, por lo tanto, se puede llegar a una estimación aproximada.

Algunas de las medidas sugeridas por Presuman (2009, p. 506) son:

número de scripts de escenarios de interacción entre el usuario y el sistema;

número de clases importantes e independientes del sistema;

número de clases de apoyo no relacionadas con el dominio (la base de datos, interfaz de usuario);

número de clases de apoyo relacionadas con el dominio;

número de subsistemas.

Estimación orientada a casos de uso

Puede utilizar los casos de uso para estimar un software. Las estimaciones de cada caso de uso permitirían la planificación del proyecto en su conjunto.

Sin embargo, como los casos de uso son muy abstractos y personas diferentes trabajan en diferentes niveles de abstracción, no hay parámetros para definir una medida estándar para el esfuerzo requerido para implementar un caso de uso dado (Pressman, 2009, p. 507). Como resultado de ello, no se recomienda la estimación con los casos de uso, siendo esta poco utilizada.

Estimación orientada a componentes

Un sistema puede ser dividido en componentes de acuerdo con las características de sus componentes. Por ejemplo, un sistema con una arquitectura para la web podría tener sus elementos clasificado en páginas dinámicas, páginas estáticas, tablas de base de datos, informes y reglas de negocio (McConnell, 2006). Cada conjunto representa un componente cuyos elementos son similares.

Los datos históricos clasificados de acuerdo a los tipos de componentes o el juicio de un experto pueden ser utilizados para estimar el número de líneas de código o el esfuerzo necesarios para desarrollar cada componente.

Estimación basada en la opinión de un especialista

Esta técnica consiste en dividir el desarrollo de la aplicación del software en tareas usando una granularidad adecuada, es decir, dividir las tareas grandes, de larga duración o complejas, en más pequeñas y usando estimaciones en el mejor y peor de los casos. Estos valores se utilizan para derivar una estimación final que poseería alta probabilidad de éxito.

En la medida en que el proyecto evoluciona, el estimador compara los datos obtenidos de las tareas ya realizadas con las estimaciones originales y calcula el error relativo mediante el ajuste de los valores estimados para las tareas futuras.

A través de esta técnica, un estimador que realiza su trabajo de una manera estructurada y no solo intuitiva puede lograr buenos resultados (McConnell, 2006). A pesar de ser totalmente empírico, este es el método más utilizado en las organizaciones.

Estimación por analogía

Consiste en la estimación de un proyecto basándose en otro con arquitectura similar ya realizado, es decir, un proyecto que tiene datos reales sobre las tareas realizadas.

Esta técnica puede generar grandes errores si se usa incorrectamente (McConnell, 2006). En primer lugar, es necesario contar con datos precisos y detallados sobre el proyecto predecesor. Una buena práctica sería la construcción de las nuevas estimaciones en forma de porcentaje en relación con el proyecto anterior, comparando el tamaño de ambos. Sin embargo, es necesario tener en cuenta las diferencias importantes, como las diferentes tecnologías, diferentes tamaños, diferente personal, etc.

Estimación de punto de función (*Function Point*)

La técnica de estimación por punto de función se propone medir el tamaño de las funcionalidades de un sistema (Pressman, 2009, p. 357). A través de una lista de elementos del software a ser construido, las evaluaciones de la complejidad de estos elementos y datos históricos, sería posible estimar:

esfuerzo y costes del desarrollo;

número de errores detectados en las pruebas;

número de componentes y líneas de código proyectadas en el sistema.

Las entradas necesarias para llevar a cabo la estimación son:

número de entradas externas: entrada de datos por parte del usuario o por otra aplicación;

número de salidas externas: salida que proporciona información al usuario (informes, pantallas, etc.);

número de consultas externas: llamada en línea con una

respuesta inmediata, como una llamada de servicio por otra aplicación;

número de archivos lógicos internos: cantidad de agrupamientos de datos como tablas, archivos de datos, entre otros;

número de archivos de interfaz externos: datos externos a los que accede la aplicación.

Cada entrada se extrae del modelo de la aplicación. De los datos obtenidos, cada elemento se cuenta, mide y clasifica en niveles de complejidad, en general, de una manera subjetiva, como simple, medio o complejo. El resultado se utiliza para calcular una puntuación total de puntos, como se muestra a continuación:

Valos de Dominio de la información	Cuenta		Factor de Ponderación			
			Simples	Medio	Complejo	
Entradas Externas	3	×	③	4	6	= 9
Salidas Externas	2	×	④	5	7	= 8
Consultas Externas	2	×	③	4	6	= 6
Archivos Lógicos Internos	1	×	⑦	10	15	= 7
Archivos de Interfaz Externa	4	×	⑤	7	10	= 20
Cuenta total						50

Figura 8 - Ejemplo de Estimación de Puntos de Función (Pressman, 2009, p. 359)

Algunos valores de ajuste (Fi) son definidos en base a las respuestas con valores de "0" (no importante) hasta "5" (absolutamente esencial) a las catorce descritas en la siguiente tabla:

Tabla 6 - Factores de ajuste de la técnica de estimación por puntos de función (Pressman, 2009, p. 357)

1	¿El sistema necesita la copia de seguridad?
2	¿Modos de transferencia de datos específicos se utilizan para importar o exportar datos?
3	¿Hay procesamiento distribuido?
4	¿El rendimiento es crítico?
5	¿El sistema funcionará en un entorno operativo existente utilizado intensamente?
6	¿El sistema requiere la entrada de datos en línea?
7	¿La entrada en línea requiere que la transacción sea construida por múltiples pantallas u operaciones?
8	¿Archivos lógicos internos se actualizan en línea?
9	¿Las entradas, las salidas, los archivos o las consultas son complejas?
10	¿El procesamiento interno es complejo?
11	¿El código fue diseñado para ser reutilizado?
12	¿La conversión y la instalación están incluidas en

	el proyecto?
13	¿El sistema está diseñado para varias instalaciones en diferentes organizaciones?
14	¿La aplicación está diseñada para facilitar los cambios en el uso del usuario?

Por último, se aplica la siguiente ecuación para obtener el valor de los puntos de función:

$$FP = total \times \left[0{,}65 + 0{,}01 \times \sum (F_i)\right]$$

Figura 9 - Ecuación para obtener el resultado de la métrica por puntos de función

Los niveles de complejidad y los factores de ajuste son valores subjetivos, ya que dependen totalmente de la experiencia y la intuición del estimador. Sin embargo, ellos mismos pueden ser ajustados por los datos históricos recogidos en los proyectos anteriores (Pressman, 2009, p. 505).

La cantidad de líneas de código de un sistema (LC - *Línea de Código*) se puede derivar de los puntos de función. A través de estimaciones aproximadas del número de líneas de código en el lenguaje de programación elegido por el punto de función, el número total de líneas de código se calcula mediante la multiplicación simple y se utiliza para predecir el tamaño del sistema.

Modelo COCOMO II

COCOMO (*Constructive Cost Model*) es un modelo para estimar el coste, el esfuerzo y el cronograma durante la planificación de proyectos de software. Fue publicado inicialmente por Barry Boehm en 1981 y posteriormente fue lanzada una versión actualizada denominada COCOMO II, en 1995, lo que refleja la dramática evolución de la práctica de desarrollo de software (CSSE).

El modelo COCOMO II tiene un programa de afiliados que invierten técnica y financieramente en su desarrollo, incluyendo grandes empresas y laboratorios de investigación. Es un modelo abierto, es decir, puede ser utilizado por cualquier organización, y hace un uso extensivo de los datos históricos.

El modelo utiliza la siguiente fórmula para calcular el esfuerzo:

$$Esfuerzo\ Nominal = A \times Tamaño^{B}$$

Figura 10 - Fórmula para el cálculo de esfuerzo del proyecto (Boehm, 2005)

Según Boehm (2005), la constante A captura el efecto lineal de la magnitud del proyecto en el esfuerzo necesario. B es un factor exponencial de ajuste de acuerdo con el tamaño del proyecto. El tamaño se refiere a la magnitud del proyecto y su valor puede ser medido en miles de líneas de código, puntos de objetos o puntos de función, por lo general derivados de otra técnica de estimación.

El factor exponencial B se ajusta para cada proyecto a partir de un conjunto de factores definidos en el modelo COCOMO

II, que tienen en cuenta, por ejemplo:

si el proyecto fue precedido por uno similar;

si los riesgos y la arquitectura están claramente definidos;

la unión del equipo;

la madurez del proceso.

Además, el esfuerzo nominal calculado se puede ajustar por factores relacionados con el producto, la plataforma, el diseño e incluso personales. Por ejemplo, el factor DATA permite ajustar el tamaño de la base de datos, RELY considera la confiabilidad del software exigida, CPXL la complejidad del producto, ACAP la capacidad de los analistas, TOOL el uso de herramientas de desarrollo y así sucesivamente.

Cada factor recibe una calificación en una escala de cinco niveles (muy bajo, bajo, nominal, alto, muy alto). El ajuste se realiza multiplicando los factores individuales por esfuerzo nominal.

Clark (1998) define el COCOMO como un modelo paramétrico, es decir, que utiliza una representación matemática idealizada del mundo real basada en parámetros cuantitativos o cualitativos. Aunque los parámetros se derivan principalmente de juicios subjetivos, el modelo propone que, a través de los ajustes apropiados, es posible obtener una estimación con un 70% de fiabilidad (Boehm, 2005).

PROBE

Probe (*Proxy Based Estimating* - Estimación basada en Proxy) es una técnica de estimación indirecta basada en datos y objetos históricos (Humphrey, 2000, p. 12).

En primer lugar, los ingenieros identifican los objetos necesarios para construir el producto de software y luego determinan aproximadamente el tipo y el número de funciones de cada objeto. Con base en los datos históricos, se compara cada objeto con objetos similares, y se estima el tamaño de lo mismo en líneas de código mediante regresión lineal.

La estimación de esfuerzo se realiza de manera similar. Con base en datos históricos, se aplica la regresión lineal para estimar el esfuerzo requerido para el desarrollo. Los datos deben mostrar una relación directa entre el tamaño del programa y el tiempo de desarrollo.

Para generar el cronograma, todo ingeniero debe establecer en que va a trabajar en el proyecto con una frecuencia semanal o diaria, calculando así el tiempo necesario para terminar sus tareas.

Durante el desarrollo, los ingenieros deben almacenar los datos de tiempo y tamaño del diseño actual para planificaciones futuras.

Planning Poker

Algunos procesos ágiles, tales como *Scrum*, encaran el proyecto de software como un juego. En esta línea, algunos autores consideran la mejor manera de estimar una especie de *poker* con las historias de usuario del *backlog* (Cohn, 2006, p. 55).

En el *Planning Poker*, todos los miembros del equipo de desarrollo se reúnen. En primer lugar, cada miembro recibe cartas. Cada carta contiene un valor de la escala de *story point* definido para el proyecto. Por cada historia de usuario, los miembros eligen en secreto una carta con un valor que consideran que es el tamaño de esa historia. Entonces, todos muestran sus cartas a la vez. Cuando hay consenso, la estimación sería fiable. Si uno o más valores son discrepantes, los miembros discuten entre sí la razón por la cual la historia de usuario sería más o menos compleja. Después de alcanzar un consenso, se realiza una nueva ronda de cartas. Esto se hace hasta que todos estén de acuerdo con la estimación.

Los "agilistas" afirman que esta técnica funciona bien por las siguientes razones (Cohn, 2006, p. 59):

los que saben cómo hacer el trabajo son los que hacen mejor las estimaciones;

el diálogo hace que los estimadores tengan que justificar sus estimaciones, por lo que piensan bien en lo que están haciendo;

la discusión en grupo, de acuerdo con algunos estudios, conduce a una mejor estimación.

El *Planning Poker* por lo general se hace de forma más intensa, pero menos detallada, al principio del proyecto, con el fin de generar las estimaciones iniciales necesarias para la planificación general y el número de iteraciones.

Al comienzo de cada iteración, se sugiere tomar en torno a una hora para detallar las estimaciones de las historias de usuario que se implementarán, que, en este punto, están divididas en tareas. El tiempo de la estimación varía de acuerdo con el tamaño de la iteración.

Estimación por velocidad y aceleración

La velocidad de desarrollo es la cantidad de *story point* que un equipo puede poner en práctica en un intervalo de tiempo dado (Cohn, 2006, p. 39). La velocidad puede ser calculada midiendo el tiempo que tardó el equipo para completar cada punto de la historia.

La estimación de las próximas historias puede realizarse o ajustarse de acuerdo a la velocidad del equipo. Por otra parte, basta con aplicar la velocidad a las historias de usuarios restantes para obtener una estimación general de la finalización del proyecto.

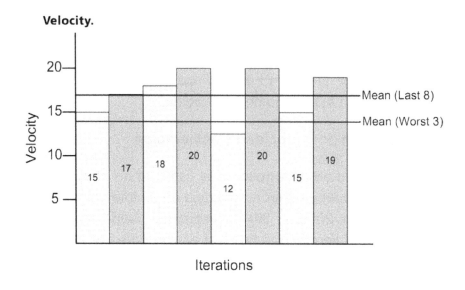

Figura 11 - Gráfico de velocidad (Cohn, 2006, p. 237)

La Figura 11 contiene un gráfico de la velocidad por iteración. El promedio de velocidad permite saber si el proyecto avanza de acuerdo con las expectativas.

La aceleración del desarrollo se puede calcular cuando hay una tendencia a aumentar o disminuir la velocidad de desarrollo. Las decisiones de gestión se pueden hacer anticipadamente si los desarrolladores están completando las historias de usuario más rápidamente o más lentamente a cada iteración.

CONCLUSIÓN

El uso de las técnicas y modelos de estimación depende del contexto. Algunos elementos son complementarios, como la técnica de puntos de función y el modelo COCOMO, mientras que otros son incompatibles, tales como *Planning Poker* y técnicas similares.

Aunque no se puede afirmar definitivamente la superioridad absoluta de un modelo o técnica, el uso de un modelo o técnica apropiado puede guiar al estimador a mejores resultados, incrementando sus habilidades a través de una metodología bien definida.

Por otro lado, cualquier estimador que se basa en un modelo o técnica en particular como una "bala de plata" sin entender la naturaleza de las estimaciones, inevitablemente se encontrará con una realidad muy diferente de lo esperado.

Entender lo que son las estimaciones y en lo que consiste la tarea de estimación es fundamental y más importante que adoptar una técnica o un modelo específico.

LOS PRINCIPALES ERRORES AL DESARROLLAR SOFTWARE

Seguramente usted ya se ha encontrado con algunos errores clásicos en el desarrollo de software. Lamentablemente, por diversas razones, las empresas y los ingenieros de software han fracasado repetidamente en sus diseños por no aprender de sus propios errores. ¿Qué hay de reflexionar sobre nuestros mayores errores para, de alguna manera, evitar que se repitan?

Steve McConnell, un experimentado profesional y autor de muchos libros y artículos sobre la ingeniería de software, identifica en su artículo **Los errores clásicos** los errores que ocurren con mayor frecuencia. A continuación, se analizan los 10 errores clásicos en los proyectos de software mencionados por el autor, además de algunos comentarios:

MOTIVACIÓN

La motivación tiene un enorme impacto en la productividad y la calidad, pero hay pocos que adopten prácticas eficaces para motivar a la gente.

El salario no es el único ni el principal factor de motivación, porque la gente tiende a acostumbrarse a lo que gana, no importa cuanto sea. A los programadores les gusta trabajar con las nuevas tecnologías pero la emoción no dura tanto como nos gustaría, sobre todo en proyectos de gran envergadura. No existe una fórmula mágica, el secreto es invertir constantemente en la gente, financieramente o de otra manera.

La motivación correcta es un factor clave para el éxito de un negocio.

PERSONAS PROBLEMÁTICAS

No tratar con gente problemática, sea cual sea la razón, afecta a la motivación de todos los involucrados.

Partamos del siguiente ejemplo: un gerente tiene problemas con el mejor desarrollador de su equipo. Nadie sabe si se trata de celos o simplemente su comportamiento "normal". Este desarrollador constantemente hace saber a toda la empresa cada pequeño error que cometen sus colegas, verbalmente arremete contra otros desarrolladores cuando considera que sus dudas son demasiado simples y de forma maleducada interrumpe a su gerente en las reuniones con los clientes y con la gestión de la empresa. El malestar es generalizado y, aunque sea un excelente programador, todo el equipo se ve afectado negativamente con su participación.

RUIDO

Lugares ruidosos y llenos de gente obstaculizan la productividad.

En el libro *Peopleware,* el autor nos da un ejemplo de una fábrica en la que se hacen advertencias a través de un sistema de altavoces, de forma similar a lo que ocurre en terminales, aeropuertos y grandes almacenes. En primer lugar, suena una especie de campana y luego alguien habla.

Todos los empleados dejan lo que están haciendo para prestar atención a la advertencia, con la pérdida de concentración que ello conlleva y el tiempo para volver a su antigua productividad. La mayoría de las veces los avisos son simples llamadas dirigidas a una sola persona.

ABANDONAR LA PLANIFICACIÓN SOBRE PRESIÓN

El horario se quedó atrás y las presiones surgen de todos lados. La primera reacción es "salir corriendo". Tirar a la basura toda la planificación (de procesos, pruebas, etc.) y tratar de ofrecer las funcionalidades cómo es posible, lo que resulta en un caos infinito de "codifica y ordena" (ensayo y error).

HACER CASO OMISO DE LAS ACTIVIDADES BÁSICAS DE LA PLANIFICACIÓN

"Saltar" directamente a la codificación aumenta de 10 a 100 veces el coste de corregir el código hecho mal.

No quiera ser más ágil que los métodos ágiles, porque incluso en el método *ágil* en general hay un plan detallado de la iteración (una o dos semanas, por ejemplo) y una planificación en alto nivel hasta un determinado punto del proyecto.

Evite hacer una asociación en su mente del acto de planear con pre-rellenar documentos sin sentido. Planificar es pensar de antemano. Reflexionar sobre un problema antes de ponerse manos a la obra evitará muchos errores.

FALTA DE CONTROL DE CAMBIOS

De media, los requisitos cambian un 25% desde la fase de "requisitos iniciales" hasta la primera versión del sistema. Esto provoca un aumento de más del 25% en el horario. Por lo tanto, es necesario controlar los cambios en los requisitos para limitar cambios innecesarios.

El control de cambios no es limitar la adecuación de los requisitos ni dejar de dar respuesta a los cambios en las reglas de negocio, como se podría pensar. El problema es que si no hay control, la tendencia será un *bucle de cambios*, muchos de los cuales se hacen varias veces (por ejemplo, aumentar la potencia, disminuir la fuente, cambiar la descripción de la descripción anterior).

SÍNDROME DE "BALA DE PLATA"

Cuando las personas se centran en una sola herramienta, tecnología o metodología con la esperanza de que esa sea la solución para todo, por lo general ocurre lo contrario, la productividad cae con el tiempo.

FALTA DE INFORMACIÓN DE LOS USUARIOS

Una encuesta realizada hace unos años demostró que esta es la causa número uno de los fracasos en los proyectos de software.

No supone ningún avance construir perfectamente las cosas equivocadas. Como ingenieros de software, y no como mecanógrafos de código, tenemos la responsabilidad de entender lo suficiente sobre el dominio de aplicación para traducir correctamente los requerimientos del negocio en un sistema de software.

CRONOGRAMAS DEMASIADO AJUSTADOS

La misma encuesta también mostró que el retraso medio del proyecto es del 220% causado por horarios "agresivos".

Al permitir que la prisa se tome en cuenta, las actividades que creemos que podemos pasar por alto al principio, al final se hacen hasta con 100 veces mayor coste en las fases posteriores del proyecto.

Además, la productividad de las personas cae bajo presión. Algunos gerentes pueden estar en desacuerdo, sobre todo si están acostumbrados a tratar con gente perezosa. Sin embargo, los buenos desarrolladores no simplemente producen más de una hora a otra. Al contrario, ellos ya dan lo mejor y bajo presión se cometen más errores.

AÑADIR MÁS DESARROLLADORES

Según el autor, este es el error más común. La verdad es que, con raras excepciones, agregar personas al equipo va a generar más trabajo para los que ya estaban en el proyecto, ya que tendrán que pararse todo el tiempo para explicar los detalles a los nuevos desarrolladores. Difícilmente los novatos llegarán a un nivel de productividad que compense el tiempo invertido.

LOS PRINCIPALES ERRORES EN LA PLANIFICACIÓN DE PROYECTOS

En su artículo *Nueve Pecados Capitales de la Planificación de Proyectos* Steve McConnell presenta una forma muy interesante de reconocer un proyecto mal planificado. El autor se basó en su experiencia para identificar los "pecados capitales" que a menudo conducen a los proyectos al fracaso.

Lo que sigue a continuación es una traducción un tanto informal del artículo, es decir, no literalmente. Aquí están los nueve pecados capitales de la planificación de un proyecto:

1.- NO PLANEAR NADA

Uno de los errores más comunes. No se necesita ser un experto para planificar. Personas con poca experiencia ya lo han hecho con éxito, simplemente porque se encargaron de atender a los requerimientos del proyecto.

Si usted tiene que elegir entre un experto en planificación que no piensa cuidadosamente sobre el plan y un principiante en su carrera, pero que analiza cuidadosamente las necesidades del proyecto, lo mejor es seguir con este último.

2.- NO PLANIFICAR TODAS LAS ACTIVIDADES NECESARIAS

El pecado número uno es no planear, el segundo es no

planear lo suficiente.

Algunos planes de proyecto simplemente asumen que nadie va a enfermar, participar en cursos, irse de vacaciones o dejar la empresa. Estos planes preparan el proyecto para un desastre. Hay numerosas variaciones en esta línea. Por ejemplo, no incluyen las actividades auxiliares, tales como la creación de la instalación de software, la conversión de datos de las versiones anteriores y otras tareas a veces irritantes que llevan más tiempo de lo que quisiéramos admitir.

En algunos proyectos que no están cumpliendo con los horarios previstos, se intenta recuperar el tiempo reduciendo el tiempo que estaba previsto inicialmente para las pruebas. La justificación es que es probable no habrá tantos errores como se pensaba inicialmente.

3.- NO PLANIFICAR TENIENDO EN CUENTA LOS RIESGOS

Henry Petroski argumenta que los grandes desastres en la construcción de puentes se producen después de períodos de éxito que dan lugar a la auto-confianza. Los diseñadores se vuelven complacientes y simplemente copian los atributos de un puente a otro sin tener en cuenta los riesgos potenciales de la nueva construcción.

En muchos proyectos, la palabra "riesgo" no se menciona a menos que estemos en problemas serios. En los proyectos de software, si no estamos utilizando esa palabra a diario e incorporándola en nuestros planes, no estamos haciendo bien nuestro trabajo. **Como dijo Tom Gilb: "si no atacas activamente los riesgos, ellos te atacarán a ti."**

4.- UTILIZAR EL MISMO PLAN PARA TODOS LOS PROYECTOS

Algunas organizaciones se familiarizan con un enfoque para ejecutar proyectos. Esto es más conocido con la expresión: "es la forma en que hacemos las cosas aquí". Las cosas suelen ir bien cuando los nuevos diseños son muy similares a los anteriores. Pero si aparece algo diferente, este enfoque provocará más problemas que ayuda.

Una buena planificación ve las necesidades específicas del proyecto para el que fue creada. Muchos elementos pueden ser reutilizados pero deben considerarse cuidadosamente si los viejos elementos se aplican al nuevo contexto.

5.- APLICAR MODELOS DE PLANIFICACIÓN DE FORMA INDISCRIMINADA

Una planificación que alguien llevó a cabo viene en forma de un libro o una metodología y parece que funciona bien tal como es. Entonces, usamos este plan genérico de manera indiscriminada y sin pensamiento crítico o consideración por las particularidades del proyecto.

Ejemplos conocidos son las RUP (*Rational Unified Process*) y XP (*Extreme Programming*). Estos planes "enlatados" pueden ayudar a evitar los pecados número uno y número dos pero no reemplazan el análisis de las demandas únicas del proyecto.

Ningún experto externo puede comprender las necesidades específicas de un proyecto como las personas directamente involucradas en el mismo. El plan de un experto debe adaptarse a las circunstancias específicas. Afortunadamente, hay gerentes que son conscientes de estos problemas y utilizan el sentido común para seleccionar las partes del libro de ingeniería de software que satisfagan sus demandas.

6.- DEJAR QUE LA PLANIFICACIÓN DIFIERA DE LA REALIDAD

Un enfoque común para la planificación es la creación de un plan al principio del proyecto y luego abandonarlo en un cajón, acumulando polvo hasta el final del proyecto. Cuando las condiciones cambian, la planificación se convierte en irrelevante y, en el camino, el proyecto camina sin rumbo. No hay más relación de la planificación con la realidad del proyecto.

Esto puede estar relacionado con el pecado número 5, porque cuando alguien abraza un método prefabricado a veces se vuelve reacio a cambiarlo cuando no funciona. Ellos piensan que el problema está en la aplicación, cuando, de hecho, está en la planificación.

Una buena planificación debe ocurrir y ser revisada de forma incremental a lo largo del proyecto.

7.- PLANIFICAR CON GRAN DETALLE TODO DESDE EL PRINCIPIO

Algunos gerentes bien intencionados tratan de mapear todas las actividades del proyecto desde el principio. Pero el software es un constante despliegue de decisiones, cada fase genera nuevas decisiones para futuras pendientes. Como no tenemos una bola de cristal, tratar de planear actividades distantes en detalle es un ejercicio burocrático tan malo como no planificar nada.

Cuanto más trabajo se gasta en la creación de planes prematuros, mayores serán las posibilidades de que el plan sea archivado (pecado número 6). Como a nadie le gusta perder su precioso trabajo, entonces el gerente a veces trata de forzar la realidad para encajar el proyecto en sus planes detallados, en lugar de revisar el plan detallado antes de tiempo.

8.- PLANEAR PARA PERSEGUIR EL TIEMPO PERDIDO

En los proyectos que comienzan a retrasarse, un error común es planificar para "alcanzar" el horario. La racionalización típica es: "el equipo pasó por la curva de aprendizaje al comienzo del proyecto, hemos aprendido varias lecciones duras, pero ahora que entendemos lo que estamos haciendo, podemos completar el proyecto rápidamente." Este es un razonamiento equivocado.

Una encuesta de 1991 de más de 300 proyectos encontró que apenas se recupera el tiempo de los proyectos, al contrario, la tendencia es a retrasarse aún más. El error de este razonamiento es que el equipo de desarrollo toma decisiones importantes al principio del proyecto, al tiempo que aprenden sobre la tecnología, los negocios y las metodologías. En las etapas posteriores del proyecto, el paso no se acelerará, pero disminuye en la medida en que se asumen las consecuencias de las decisiones iniciales equivocadas y entonces es necesario invertir tiempo en corregir esos errores.

9.- NO APRENDER DE LOS ERRORES COMETIDOS CON ANTERIORIDAD

El pecado más mortal de todos es no aprender de los pecados ya cometidos. Los proyectos de software pueden tomar mucho tiempo y la memoria de las personas puede quedar llena de niebla por el tiempo y por el ego. Al final de un proyecto largo, puede ser difícil recordar todas las decisiones que afectaron inicialmente a su conclusión.

Una manera fácil de evitar esta tendencia y evitar pecados futuros es llevando a cabo una autopsia estructurada del proyecto. Una revisión no borrará los pecados del pasado, pero sí puede evitar errores futuros.

EL SOFTWARE Y LAS ESTIMACIONES DE SOFTWARE

No es posible definir un método único e infalible, ni tan siquiera para algunos casos. La razón es simple (al menos después de la debida reflexión): el software es abstracto, complejo, cambiante e intangible.

¿Qué significa eso? Vamos a verlo en resumen:

No se puede medir objetivamente software;

No se puede simplificar (abstraer) software sin pérdida de información;

No se puede definir de forma estática un software.

¿Quién puede medir el tamaño de un software? Las líneas de código en realidad reflejan el "tamaño" del sistema. ¿Cómo afirmar que un sistema es más confiable que otro? O ¿Cómo medir la usabilidad?

La verdad es que dado un mismo requisito hay una implementación para cada programador.

Un autor señaló que los requisitos de software cambian, de media, el 25%, desde que los requisitos son planteados hasta la primera versión. ¡El software cambia! La razón no hay que buscarla en elementos extraños, la realidad es que cambia porque los negocios y sus necesidades cambian.

Desafortunadamente, las estimaciones de software sufren el mismo problema. Es imposible afirmar categóricamente que una estimación particular es mejor que cualquier otra.

Al final, como todo lo relacionado con el software, lo que cuenta es el talento de las personas involucradas. Algunas personas estiman mejor que otras pero no solo el estudio, la experiencia y el método científico lo hacen posible. Es simplemente una especie de intuición subjetiva, que puede ser aprovechada mejor o peor cuando se utiliza una técnica particular.

Es un error creer que cualquier estimación es un número matemático que se puede utilizar en una fórmula y obtener un resultado, por muy tentador que suene.

La única manera de hacer comparaciones significativas y objetivas entre software, estimaciones y técnicas de estimación está utilizando criterios específicos.

Por ejemplo, el software S1 puede procesar una cantidad Q de información en el tiempo T, mientras que S2 procesa Q en T + Q. Específicamente la eficiencia es el problema, S1 es superior a S2, pero esta información no añade nada en los demás aspectos de un sistema de software.

Del mismo modo, una estimación particular, puede resultar mejor que otros enfoques por aproximarse más a la realidad concreta, pero esto de ninguna manera prueba que esta es superior porque hay factores muy complejos para que cualquiera pueda hacer tal afirmación.

Las estimaciones... son estimaciones.

Es un error pensar en estimaciones como medidas numéricas absolutas.

Es erróneo considerar las estimaciones como la última palabra de la planificación y programación.

Es un error creer que cuanto más detalladas son las estimaciones son mejores o incluso que es posible garantizar una cierta precisión.

McConnell, en su libro "Las estimaciones de software: Desmitificando la Magia Negra" afirma que es necesario definir y diferenciar conceptos, tales como:

Estimaciones son estimaciones, no un compromiso;

Compromiso es cuando el equipo está dispuesto a cumplir con un horario determinado;

Horario es la planificación en el tiempo, que puede o no puede basarse en estimaciones.

LA PROFESIÓN DEL DESARROLLADOR DE SOFTWARE

Programador, Analista, Desarrollador, Ingeniero de Software. No importa el título adoptado. ¿Escribe código? Entonces es del gremio.

El área de desarrollo de software es una de los que más se comenta, desea, ama y odia en la actualidad. Siendo su historia relativamente reciente, todavía hay mucha confusión acerca de la identidad de los profesionales de TI.

Esto se refleja en la dificultad de muchos, sino todos, los profesionales en la toma de decisiones sobre la carrera. ¿Qué deberían estudiar? ¿Vale la pena conocer el lenguaje X? ¿En qué especializarse?

Todo el mundo ha escuchado el mantra de que en TI "es necesario estar siempre actualizado." Esto es más una frase hecha, repetidas tantas veces, que ya perdió completamente el significado y el impacto en nuestras mentes.

Ahora vamos a llevarlo a una breve reflexión sobre su desarrollo como profesional y tratar de responder de forma general a alguna de las preguntas mencionadas anteriormente.

Sí, ES COMPLICADO

Brooks escribió en la edición especial de The Mythical Man-Month, lanzada en 1995, que ya no podía seguir el ritmo de los avances en todas las áreas de Ingeniería de Software como antes. ¡Qué diría a día de hoy!

La situación empeoró mucho. Cada año aumenta la gama de conocimientos, plataformas, lenguajes, frameworks y herramientas. Los graduados que trabajarán con software necesitan salir de la facultad dominando conceptos que fueron formulados a lo largo de años, décadas e incluso siglos. Es como si cada nueva promoción de licenciados saliera sabiendo menos que antes, ya que siempre hay novedades y vacíos en la información.

Esta amplia gama de información hace que muchos se muestren preocupados por la gran cantidad de tecnologías que hay que aprender. Y las empresas parecen buscar súper programadores que parecen haber nacido sabiéndolo todo.

NO SE DESESPERE

A pesar de la situación anteriormente descrita, tenemos que entender que se necesita tiempo para aprender bien cualquier profesión. Algunos dicen que se necesita un promedio de 10 años para que alguien sea realmente bueno en lo que hace. Y la investigación indica que nos gusta más hacer lo que hacemos a medida que más nos involucramos en esa actividad.

Además, no se deje engañar por esos miles de siglas que no entienda, por ejemplo, cuando nos fijamos en los puestos de trabajo que piden cientos de conocimiento de los cuales no tiene idea de lo que son. Esto es algo posible de conocer con el tiempo.

No estamos diciendo que sea fácil. Es necesario trabajar duro, pero la clave es mantener la calma, paciencia y perseverar. Entonces usted puede planear su avance profesional dentro de sus posibilidades y estudiar de manera rutinaria, sin renunciar o desanimarse.

NADIE NACE SABIENDO

Usted no necesita saber todo para actuar en un área determinada. Por cierto, alguna educación superior o curso le enseñará lo que realmente se necesita para hacer frente a un trabajo difícil o incluso poner en marcha su propio negocio.

Solo tiene que aprender lo que es necesario para cada fase de su carrera. Para los que empiezan en TI, lo importante es conocer los fundamentos de la computación, la orientación a objetos y al menos un lenguaje de programación. Después de eso, es importante intercalar ciclos de estudio y de trabajo práctico para conseguir el desarrollo profesional.

Desde nuestra experiencia, es importante pensar de manera iterativa, es decir, en ciclos. Puede trazar una meta de aprender profundamente acerca de una tecnología al año o cada seis meses, dependiendo de su ritmo. A continuación, puede dedicar el primer mes al estudio de libros y folletos, el segundo a la implementación de un prototipo sencillo, el tercer estudiando un poco más a fondo. En cuarto lugar tratar de crear un proyecto más serio y el quinto leyendo material más difícil sobre el tema y así sucesivamente.

EXPERTOS

Persistiendo en los estudios, muchos profesionales terminan especializándose en un subconjunto de conocimiento de una de las áreas de TI. Se convierten en especialistas.

Esto se hace evidente cuando se analizan algunos eventos de TI. Es posible observar diferentes nichos de tecnologías, con conferencias y cursos para cada subcultura de TI, cada uno con un público muy específico.

Es bueno especializarse en algo. Trabajar y estudiar diferentes aspectos de una tecnología por algunos años es una gran inversión, porque puede llegar a destacarse dentro de este segmento.

Sin embargo, la especialización tiene lados positivos y negativos.

EXPERTOS Y ESPECIALISTAS

Como ya hemos mencionado, hay algunas personas que están especializadas, ya que se han preparado considerablemente para satisfacer un determinado tema.

Por otro lado, otros son "expertos", porque no se dedican a conocer nada más allá de lo que ya utilizan en el día a día.

Mientras que los especialistas de verdad están de media en la mayoría de los asuntos y dominan su especialidad, hay falsos expertos que no están interesados en todo lo que no es necesario para ellos.

Respetar la individualidad

Debemos hacer una consideración aquí. Tenemos que entender que no todas las personas que trabajan en TI son aficionadas a la programación o cuestiones técnicas.

Existen buenos profesionales, organizados y productivos, pero que no llegan a ser grandes programadores. No todos los "especialistas" son necesariamente buenos profesionales y buenos programadores. La Ingeniería de Software tiene muchas disciplinas que involucran a otras áreas.

No debemos caer en el gran error de muchos educadores a lo largo de la historia, que ha afectado a toda nuestra generación. Nos referimos a la normalización de lo que se considera "inteligencia", ignorando la singularidad de cada individuo. Esto no es nada más que dar ventaja a un perfil específico a expensas de otros.

Muchas empresas y muchos profesionales ignoran esto e inconscientemente generan un daño incalculable para sí mismos. Por otra parte, los profesionales que coordinan el proceso de selección deben ser los mejores de la empresa, porque no hay nada como un excelente profesional para identificar a los posibles de entre los entrevistados. Pero lo que suele ocurrir es que esta tarea es relegada a profesionales, como mínimo, mediocres. Y los resultados son contrataciones mediocres.

De todos modos, si usted no es un programador, todavía puede aplicar todos los consejos que se tratan aquí en su área de especialización.

GENERALISTAS

Otro perfil profesional es el de generalista, es decir, aquel que estudia las diferentes áreas, no centrándose mucho en una cosa.

Por mucho tiempo se han oído críticas a este tipo de profesionales. ¿Quizás haya escuchado algo así como "saber poco de todo es no saber nada de nada"?

Pues bien. Hasta cierto punto hay algo de verdad en eso. Si un profesional cambia con frecuencia de trabajo, pero no profundiza en nada, su destino será exactamente ese: no saber "nada de nada".

Por otro lado, ha cambiado la tendencia del mercado fuertemente en los últimos años. Antes todo el mundo quería especialistas. Hoy en día, los profesionales más valorados son aquellos con una visión integral de la ingeniería de software, pero sabiendo lo que hacen profundamente.

ESPECIALISTAS GENERALISTAS

¿Qué es un generalista especialista?

Después de unos años en el mercado, el análisis de las vacantes en las empresas grandes y pequeñas, el perfil más deseado por las buenas compañías es más o menos así. El profesional debe:

Tener por lo menos 5 o 7 años de experiencia

Dominar al menos dos tecnologías

Tener conocimiento intermedio en diversas tecnologías

Conocer los conceptos básicos de todos los conceptos importantes de la Ciencia de la Computación e Ingeniería de Software

Obviamente estos valores y las estadísticas son un medio arbitrario, pero sirven para ilustrar nuestro punto aquí. Vamos a traducir eso en algunos conceptos básicos con lo que seguro que será útil para usted.

1. Experiencia

Los años de experiencia en realidad no son tan importantes en sí mismos. El punto está en la madurez profesional.

Las empresas y los propios desarrolladores quieren a alguien que se agregue al equipo y que no suponga un retraso. Es una realidad cruel para los principiantes pero la verdad es que hoy no importa si usted es un genio en matemáticas o en programación. Los desafíos más comunes en la ingeniería de software están en otras áreas, sobre todo en las relaciones humanas. Y la realidad es que pocos graduados están capacitados para trabajar en equipo.

Además, no importa si usted sabe un lenguaje de programación de principio a fin. Resolver problemas complejos en la vida real requiere de conocimiento en diferentes áreas.

2. Especialización

Para entregar el software a tiempo y con calidad, y corregir los problemas más difíciles, el profesional debe dominar la tecnología con la que trabaja.

Por eso, saber una única tecnología ya no es suficiente.

La mayoría de los sistemas desarrollados hoy en día son web. Inicialmente, podemos dividir estos sistemas en back-end y front-end. Si usted es del gremio, deben saber que, en general, la tecnología de uno y otro son completamente diferentes. Por eso es común ahora que un buen profesional que domina NET o Java también domine Javascript, HTML y CSS.

Nótese que no estamos hablando de saber un poco de cada tecnología, sino ser altamente competente en varias de ellas.

3. Generalización

Con la gran variedad de tecnologías disponibles, el profesional que conoce al menos el nivel básico o funcionamiento de cada una, más allá de los conceptos que apoyan estas herramientas tendrá mucha más capacidad de elegir la solución más correcta y adecuada a los diversos desafíos.

Esto parece contradecir el punto anterior pero no del todo. Si usted ha dominado al menos un par de paradigmas de programación y tiene buenos fundamentos técnicos, probablemente le irá bien con cualquier novedad. Este es el punto: un generalista es mucho más adaptable a los nuevos desafíos.

Las viejas guerras de "Ruby vs PHP", "Perl vs Python", "Java vs C ++" acaban de terminar, a excepción para algunos que carecen de la madurez necesaria.

Hoy en día los buenos profesionales saben que no es

necesario elegir un lenguaje definitivo. Usted podría utilizar ambos al mismo tiempo si lo deseara. De hecho, en ciertas situaciones, usted debe utilizar un conjunto de ellos en el mismo proyecto.

4. Visión integral

En primer lugar, el desarrollo de software no es solo escribir código. Tenga en cuenta que para programar bien usted sí debe conocer los fundamentos de la Ciencia de la Computación.

No vamos a decir que no es posible hacerlo bien sin tener estos conocimientos. Algunas personas lo han conseguido. Pero en líneas generales para ser un buen profesional en la materia es necesario saber más que únicamente uno o varios lenguajes de programación.

Estructuras de Datos, Sistemas Operativos, Geometría, Cálculo, Estadística. Tenga claro que, tarde o temprano, las disciplinas que le faltan pueden ser un obstáculo para un nivel de actividad más alto, a menos que quiera hacer informes y sistemas de registros durante el resto de su vida.

En segundo lugar, desarrollar no solo es programar bien. Si tiene alguna experiencia en proyectos, usted ya sabe que la propia programación es solo parte de una gran cadena de comunicación, motivación, acuerdos, burocracia, egos y más. Hacer frente a todo esto es lo que realmente le llevará a algo más grande.

EL PERFIL DEL PROFESIONAL IDEAL

Escuchamos repetidamente que las empresas buscan profesionales con experiencia en X, Y o Z. Puede hasta ser verdad en muchos casos. Sin embargo, aquellos que ya trabajan en TI hace tiempo que saben que los buenos profesionales, con buenos fundamentos teóricos, pueden aprender cualquier lenguaje o tecnología.

Otra habilidad importante es la de realmente producir cosas útiles. Puede parecer extraño, pero muchos profesionales con buena formación y conocimiento integral tienen dificultad en implementar herramientas y sistemas que tengan algún valor para los clientes. Puede ser porque den excesiva importancia a minucias técnicas o no consigan entender lo que el cliente realmente quiere, pero cualquiera que sea la razón detrás de eso, el código que producen es bueno solo para sí mismos.

Ya el profesional ideal es aquel que puede entender a los usuarios del sistema e implementar, técnicamente de la mejor manera, exactamente lo que el usuario necesita.

Por último, pero no menos importante, citaremos las habilidades interpersonales. Incluir en el paquete de buenas habilidades la comunicación y una personalidad agradable para tener un profesional "perfecto".

Está claro que la mayoría de las veces estos temas de comunicación y las relaciones son muy subjetivas. Ellos terminan quedando delante de descripciones vagas y gran parte de los entrevistadores no le dan importancia a eso. ¡Pero no se deje engañar! La personalidad es un factor clave para el éxito y el fracaso de todo un equipo.

¿Cuál sería la personalidad ideal?

Aquella que hace que la gente se sienta bien para trabajar con usted. Un profesional que hace que el ambiente de trabajo sea malo genera una pérdida incalculable. Sin embargo, si los miembros de un equipo encuentran una persona profesional que realmente quiere trabajar, este profesional debería mantenerse en la empresa a toda costa.

CÓMO LLEGAR

Toda esta charla puede dejar un gran peso sobre su espalda. Pero, como ya hemos dicho, deje la ansiedad atrás.

Sea de la generación que sea cambie su estado de ánimo y sepa que todas las cosas buenas llevan tiempo para ser construidas y tienen un coste asociado.

En primer lugar, si usted piensa que lo sabe todo, sea consciente de que no sabe nada.

En segundo lugar, aprenda conceptos y fundamentos sólidos. No trate de seguir todas las olas tecnológicas y modas. Por ejemplo, aprenda muy bien la orientación a objetos antes de decir que sabe C ++, Java, Scala, Go. Aprenda lo que es la programación funcional antes de decir que sabe Javascript. Aprenda sobre redes y protocolos antes de decir que sabe cómo desarrollar un sistema web.

Cree un plan de estudio. ¿Cuáles son las cosas más importantes y prioritarias para aprender en su área?

Estudie a menudo, no muy intensamente. Si usted desea aprender bien Java, por ejemplo, pueden estudiar para obtener la certificación. Tendrá que leer más de 800 páginas. Haga un plan de estudios de 6 meses a 1 año, dependiendo de su ritmo. Puede parecer mucho, pero recuerde que todo lleva su tiempo.

Usted puede estar ansioso por alguna presión externa. Así que esperamos que este artículo le haya ayudado.

Por otro lado, si usted continúa ansioso porque quiere progresar muy rápido, tenga cuidado de no decepcionarse.

Si usted cree que sabe más que las personas de más edad y con más experiencia, tal vez tenga la sensación de que la empresa no le reconoce su valor, sea cuidadoso. Hacer entrevistas en mejores compañías para probar lo que buscan, puede ser una lección de humildad.

Algunos programadores piensan que son mejores que los jefes porque estos no saben mucho acerca de un determinado lenguaje o ciertas novedades. Sí, en algunos casos puede ser cierto, pero más a menudo carecen de la madurez para entender los desafíos diarios que necesitan para hacer frente a ellos.

Igual es el caso de muchos jóvenes a quienes les resulta fácil programar y tratan de emprender, solo para luego darse cuenta de que no consiguen clientes o no dan cuenta de las exigencias técnicas y de la gestión empresarial.

La experiencia demuestra que los inexpertos creen que todo es fácil. La madurez de un profesional viene siempre acompañada por su capacidad de ver los desafíos que debe enfrentar y las consecuencias de sus decisiones.

De todos modos, tómese su tiempo, estudie siempre y

aproveche todas las oportunidades que tenga para aprender y trabajar con otros profesionales con experiencia.

CONCLUSIÓN

El mundo de las TI es un segmento apasionante que ofrece un sinfín de oportunidades para todo aquel que tenga claro que el esfuerzo y la constancia son el camino hacia el éxito.

Recuerde que todo necesita tiempo y dedicación. Puede que pensar en dedicarle un año o dos al estudio de una nueva tecnología o lenguaje le parezca algo abrumador en un primer momento pero ha de tener en cuenta que a medida que pase el tiempo podrá ir mejorando sus conocimientos y avanzando de forma profesional.

Estudiar una lenguaje durante un año no implica que no lo va a saber utilizar hasta finalizar el año completo sino que a medida que avance el año tendrá más conocimientos sobre el mismo. ¿A qué ahora ya no parece tan restrictivo?

Ser organizado, trabajar en grupo con facilidad y saber entender y expresar aquellas cuestiones que un cliente ponga sobre la mesa son cuestiones que también deben ser tenidas en cuenta a la hora de formarse como profesional.

EDITORIAL

IT Campus Academy es una gran comunidad de profesionales con amplia experiencia en el sector informático, en sus diversos niveles como programación, redes, consultoría, ingeniería informática, consultoría empresarial, marketing online, redes sociales y más temáticas envueltas en las nuevas tecnologías.

En **IT Campus Academy** los diversos profesionales de esta comunidad publicitan los libros que publican en las diversas áreas sobre la tecnología informática.

IT Campus Academy se enorgullece en poder dar a conocer a todos los lectores y estudiantes de informática a nuestros prestigiosos profesionales.

El Objetivo Principal de **IT Campus Academy** es promover el conocimiento entre los profesionales de las nuevas tecnologías al precio más reducido del mercado.

BIBLIOGRAFÍA

Para la realización de esta obra se han consultado las siguientes fuentes de información:

Arquitectura y Diseño del Software de Patricia González R

Curso de Programación y Análisis de Software de Ángel Arias

El blog de Luiz Ricardo luizricardo.org

Fundamentos de Programación de Patricia González R.

ACERCA DEL AUTOR

Este libro ha sido elaborado por Daniel Ramos Cardozzo. Profesor de desarrollo de software y desarrollo web desde el año 2008. También ejerce de conferenciante sobre el diseño del software desde el año 2010.

Esperamos que este libro le haya ayudado a comprender mejor los mecanismos que entrañan todo el proceso del desarrollo del software y le sirva de cara a sus proyectos futuros.

www.ingramcontent.com/pod-product-compliance
Lightning Source LLC
Chambersburg PA
CBHW070837070326
40690CB00009B/1589